러시아어
토르플 1급
실전 모의 고사

러시아어 토르플 1급 실전 모의 고사
❷

초판 발행 2016년 05월 06일
초판 3쇄 2022년 09월 16일

지은이 Н.М. Румянцева, С.Г. Костина, А.Г. Жиндаева, И.С. Гусева

펴낸이 김선명
펴낸곳 뿌쉬낀하우스
책임편집 이은희
편집 김영실, 김성원, 박은비

주소 서울시 중구 퇴계로20나길 10, 202호
전화 02) 2237-9387
팩스 02) 2238-9388
홈페이지 www.pushkinhouse.co.kr

출판등록 2004년 3월1일 제2004-0004호
ISBN 978-89-92272-68-1 14790
978-89-92272-64-3 (세트)

© ЗАО «Златоуст», 2015
Настоящее издание осуществлено по лицензии, полученной от ЗАО «Златоуст»
© Pushkin House, 2016

이 책의 한국어판 저작권은 «Златоуст» 출판사와 독점 계약한 뿌쉬낀하우스에 있습니다.
저작권법에 의해 한국 내에서 보호를 받는 저작물이므로 무단 전재와 무단 복제를 금합니다.

※ 잘못된 책은 바꿔 드립니다.

Тест по русскому языку как иностранному
Первый сертификационный уровень

토르플 고득점을 위한 모의고사 시리즈

TORFL
러시아어
토르플 1급
실전 모의고사 2

Н.М. Румянцева, С.Г. Костина, А.Г. Жиндаева, И.С. Гусева 지음

뿌쉬낀하우스

contents

토르플 길라잡이 _6

1부 테스트

Субтест 1.　　ЛЕКСИКА. ГРАММАТИКА 어휘, 문법 영역 _11

Субтест 2.　　ЧТЕНИЕ 읽기 영역 _36

Субтест 3.　　АУДИРОВАНИЕ 듣기 영역 _49

Субтест 4.　　ПИСЬМО 쓰기 영역 _57

Субтест 5.　　ГОВОРЕНИЕ 말하기 영역 _61

2부 정답

어휘, 문법 영역 정답 _69

읽기 영역 정답 _73

듣기 영역 정답 및 녹음 원문 _74

쓰기 영역 예시 답안 _81

말하기 영역 예시 답안 _85

첨부: 답안지 МАТРИЦА _97

1. 토르플 시험이란?

토르플(TORFL)은 'Test of Russian as a Foreign Language'의 약자로 러시아 교육부 산하기관인 '러시아어 토르플 센터'에서 주관하는 외국인 대상 러시아어 능력 시험이다. 기초 단계에서 4단계까지 총 여섯 단계로 나뉘어 있으며 시험 과목은 어휘·문법, 읽기, 듣기, 쓰기, 말하기의 다섯 영역으로 구성되어 있다. 현재 토르플은 러시아 내 대학교의 입학 시험, 국내 기업체, 연구소, 언론사 등에서 신입사원 채용 시험 및 직원들의 러시아어 실력 평가를 위한 방법으로 채택되고 있다.

2. 토르플 시험 단계

토르플 시험은 기초단계, 기본단계, 1단계, 2단계, 3단계, 4단계로 나뉘어 있다.

· 기초단계 (элементарный уровень)
  일상생활에서 필요한 최소한의 러시아어 구사가 가능한 가장 기초 단계이다.

· 기본단계 (базовый уровень)
  일상생활에서 필요한 기본적인 의사 소통이 가능한 단계이다.

· 1단계 (I сертификационный уровень)
  일상생활에서의 자유로운 의사소통뿐만 아니라, 사회, 문화, 역사 등의 분야에서 러시아인과 대화가 가능한 공인단계이다. 러시아 대학에 입학하기 위해서는 1단계 인증서가 필요하며, 국내에서는 러시아어문계열 대학졸업시험이나 기업체의 채용 및 사원 평가 기준으로도 채택되고 있다.

· 2단계 (II сертификационный уровень)
  원어민과의 자유로운 대화뿐만 아니라, 문화, 예술, 자연과학, 공학 등 전문 분야에서도 충분히 의사소통이 가능한 공인단계이다. 2단계 인증서는 러시아 대학의 비어문계 학사 학위 취득을 위한 요건이며 석사 입학을 위한 자격 요건이기도 하다. 1단계와 마찬가지로 국내에서는 러시아어문계열 대학졸업시험이나 기업체의 채용 및 사원 평가 기준으로도 채택되고 있다.

· 3단계 (III сертификационный уровень)

사회 전 분야에 걸쳐 고급 수준의 의사소통 능력을 지니고 있어 러시아어로 전문적인 활동이 가능한 공인단계이다. 러시아 대학의 비어문계열 석사와 러시아어문학부 학사 학위를 취득하기 위해서 3단계 인증서가 필요하다.

· 4단계 (IV сертификационный уровень)

원어민에 가까운 러시아어 구사 능력을 지니고 있는 가장 높은 공인단계로, 이 단계의 인증서를 획득하면 러시아어문계열의 모든 교육과 연구 활동이 가능하다. 4단계 인증서는 러시아어문학부 석사, 비어문계열 박사, 러시아어 교육학 박사 등의 학위를 취득하기 위한 요건이다.

3. 토르플의 시험영역

토르플 시험은 어휘·문법, 읽기, 듣기, 쓰기, 말하기의 다섯 영역으로 구성되어 있다.

· 어휘·문법 영역 (ЛЕКСИКА. ГРАММАТИКА)
객관식 필기 시험으로 어휘와 문법을 평가한다. (*사전 이용 불가)

· 읽기 영역 (ЧТЕНИЕ)
객관식 필기 시험으로 주어진 본문과 문제를 통해 독해 능력을 평가한다. (*사전 이용 가능)

· 듣기 영역 (АУДИРОВАНИЕ)
객관식 필기 시험으로 들려 주는 본문과 문제를 통해 이해 능력을 평가한다. (*사전 이용 불가)

· 쓰기 영역 (ПИСЬМО)
주관식 필기 시험으로 주제에 알맞은 작문 능력을 평가한다. (*사전 이용 가능)

· 말하기 영역 (ГОВОРЕНИЕ)
주관식 구술 시험으로 주어진 상황에 적합한 말하기 능력을 평가한다. (*사전 이용이 가능한 문제도 있음)

4. 토르플 시험의 영역별 시간

구 분	기초 단계	기본 단계	1단계	2단계	3단계	4단계
어휘·문법 영역	50분	50분	60분	90분	90분	60분
읽기 영역	50분	50분	50분	60분	60분	60분
듣기 영역	30분	30분	35분	35분	35분	45분
쓰기 영역	40분	50분	60분	55분	75분	80분
말하기 영역	25분	40분	60분	45분	45분	50분

*토르플 시험의 영역별 시간은 시험 시행기관마다 조금씩 다를 수 있습니다.

5. 토르플 시험의 영역별 만점

구 분	기초 단계	기본 단계	1단계	2단계	3단계	4단계
어휘·문법 영역	100	110	165	150	100	141
읽기 영역	120	180	140	150	150	136
듣기 영역	100	180	120	150	150	150
쓰기 영역	80	80	80	65	100	95
말하기 영역	130	180	170	145	150	165
총 점수	530	730	675	660	650	687

6. 토르플 시험의 합격 점수

구 분	기초 단계	기본 단계	1단계	2단계	3단계	4단계
어휘·문법 영역	66–100점 (66%이상)	73–110점 (66%이상)	109–165점 (66%이상)	99–150점 (66%이상)	66–100점 (66%이상)	93–141점 (66%이상)
읽기 영역	79–120점 (66%이상)	119–180점 (66%이상)	92–140점 (66%이상)	99–150점 (66%이상)	99–150점 (66%이상)	89–136점 (66%이상)
듣기 영역	66–100점 (66%이상)	119–180점 (66%이상)	79–120점 (66%이상)	99–150점 (66%이상)	99–150점 (66%이상)	99–150점 (66%이상)
쓰기 영역	53–80점 (66%이상)	53–80점 (66%이상)	53–80점 (66%이상)	43–65점 (66%이상)	66–100점 (66%이상)	63–95점 (66%이상)
말하기 영역	86–130점 (66%이상)	119–180점 (66%이상)	112–170점 (66%이상)	96–145점 (66%이상)	99–150점 (66%이상)	108–165점 (66%이상)

1부 테스트

Субтест 1. ЛЕКСИКА. ГРАММАТИКА

Инструкция к выполнению теста

- Время на выполнение теста – 60 минут. Тест включает 165 заданий.

- При выполнении теста пользоваться словарём нельзя.

- Вы получили тест и матрицу. Напишите ваше имя и фамилию, страну, дату тестирования на матрице.

- В тесте слева даны предложения (1, 2 и т. д.), а справа – варианты на выбор.

- Выберите правильный вариант и отметьте соответствующую букву в матрице.

Например:

(Б – правильный вариант).

Если Вы ошиблись и хотите исправить ошибку, сделайте так:

(В – ошибка, Б – правильный вариант).

Отмечайте правильный выбор только в матрице, в тесте ничего не пишите (проверяется только матрица).

ЧАСТЬ I

Задания 1–21. Выберите правильный вариант.

1. Экскурсовод _____ туристам об истории Кремля.	(А) сказал (Б) рассказал (В) разговаривал
2. Артур любит пить _____ кофе.	(А) твёрдый (Б) сильный (В) крепкий
3. Я считаю, что существует один _____ вариант решения этой проблемы.	(А) единый (Б) единственный (В) одинокий
4. Австралия _____ Евразии.	(А) маленькая (Б) меньшинство (В) меньше
5. _____ наступит лето.	(А) Быстро (Б) Скоро (В) Немедленно (Г) Вдруг
6. Я всегда советуюсь со своим _____ братом.	(А) старинным (Б) старым (В) старшим
7. Автобус _____ людей на работу.	(А) везёт (Б) ведёт (В) несёт
8. Изучать иностранный язык _____ .	(А) нелегко (Б) труднее (В) с трудом

9. После экзамена у нас будет _____ по Подмосковью.	(А) командировка (Б) визит (В) экскурсия
10. Перед нами стоит _____ – сохранить природу.	(А) трудная задача (Б) трудное время (В) трудное занятие
11. Иностранные туристы с большим интересом _____ древний русский город.	(А) смотрели (Б) рассмотрели (В) осмотрели
12. Артём очень спешил, поэтому _____ такси.	(А) оставил (Б) остановил (В) остановился
13. – Где находится аптека? – Вам нужно сначала идти вперёд, а потом повернуть _____ .	(А) справа (Б) налево (В) слева
14. Поезд из Москвы в Санкт-Петербург всегда приходит в своё _____ время, по расписанию.	(А) обыкновенное (Б) обычное (В) нормальное
15. Борис _____ играть в шахматы.	(А) умеет (Б) знает
16. Матвей не помнил, куда он положил ключи от своей машины, поэтому он долго _____ их.	(А) нашёл (Б) искал

17. – Костя, когда будешь собирать свои вещи, не забудь _____ в чемодан куртку, потому что в Сибири сейчас холодно.	(А) класть (Б) положить
18. Мой маленький сын любит _____ мне много вопросов.	(А) задавать (Б) сдавать
19. Олег Петров всегда _____ мне серьёзным человеком.	(А) казался (Б) оказался
20. На Рождество Елена _____ родителям поздравительную открытку.	(А) послала (Б) получила
21. Сейчас экономика Южной Кореи _____ высокого уровня развития.	(А) добилась (Б) достигла

Задания 22–25. Выберите все возможные варианты.

22. _____ шёл весь день.	(А) Снег (Б) Самолёт (В) Путешественник
23. Здесь _____ курить!	(А) запрещается (Б) нельзя (В) требуется
24. Всем очень понравилось выступление _____ артистов цирка.	(А) международных (Б) иностранных (В) зарубежных

25. Спортивные соревнования по гимнастике выиграла самая _____ спортсменка.	(А) молодая (Б) младшая (В) юная

ЧАСТЬ II

Задания 26–77. Выберите правильную форму.

26. Родители заботятся _____ детях.	(А) всем (Б) все (В) обо всех (Г) всеми
27. Студенты любят слушать лекции _____ .	(А) этот профессор (Б) с этим профессором (В) этому профессору (Г) этого профессора
28. Мой старший брат и его друзья решили пойти _____ .	(А) на Исторический музей (Б) Исторический музей (В) Исторического музея (Г) в Исторический музей
29. _____ попросили прочитать лекцию на иностранном языке.	(А) Молодой преподаватель (Б) Молодого преподавателя (В) К молодому преподавателю (Г) О молодом преподавателе

30. Полина попросила _____ донести тяжёлую сумку до такси.	(А) знакомого мужчину (Б) к знакомому мужчине (В) со знакомым мужчиной (Г) у знакомого мужчины
31. Мои родители отдыхают _____ .	(А) в хороший санаторий (Б) хороший санаторий (В) в хорошем санатории (Г) хорошего санатория
32. Вчера я встречала своего друга _____ .	(А) в новом аэропорту (Б) новый аэропорт (В) в новый аэропорт (Г) из нового аэропорта
33. Недавно Мария перечитала короткие рассказы _____ .	(А) Антон Павлович Чехов (Б) Антона Павловича Чехова (В) Антону Павловичу Чехову (Г) Антоном Павловичем Чеховым
34. Прощаясь со мной, друг пожелал мне _____ .	(А) хороший день (Б) хорошему дню (В) хорошего дня (Г) хорошим днём
35. На концерте в Доме музыки мы встретили _____ .	(А) вашего знакомого (Б) с вашим знакомым (В) у вашего знакомого (Г) ваш знакомый

36. _____ исполнилось 7 лет.	(А) моя младшая дочь (Б) моей младшей дочери (В) о моей младшей дочери (Г) у моей младшей дочери
37. Главный редактор журнала попросил _____ сделать репортаж об открытии летней Олимпиады.	(А) о молодой журналистке (Б) с молодой журналисткой (В) молодой журналистке (Г) молодую журналистку
38. _____ на открытии новой выставки собралось много любителей живописи.	(А) Картинная галерея (Б) В картинную галерею (В) Картинную галерею (Г) В картинной галерее
39. Юрий упал и почувствовал _____.	(А) сильная боль (Б) сильную боль (В) сильной боли (Г) сильной болью
40. Сегодня день рождения _____.	(А) Анастасия Сергеевна Полянская (Б) с Анастасией Сергеевной Полянской (В) у Анастасии Сергеевны Полянской (Г) Анастасию Сергеевну Полянскую

41. Студенты-химики часто занимаются _____ .	(А) химическая лаборатория (Б) в химической лаборатории (В) в химическую лабораторию (Г) химической лаборатории
42. Мария часто вспоминает родину и _____ .	(А) со всей своей дружной семьей (Б) всю свою дружную семью (В) обо всей своей дружной семье (Г) ко всей своей дружной семье
43. – Молодой человек! _____ пришло письмо. Получите его, пожалуйста!	(А) Вашего имени (Б) К вашему имени (В) На ваше имя (Г) С вашим именем
44. О своей новой жизни в Москве Агата рассказала родителям _____ .	(А) в длинное письмо (Б) длинному письму (В) длинного письма (Г) в длинном письме
45. Они попрощались _____ .	(А) следующее воскресенье (Б) до следующего воскресенья (В) на следующее воскресенье (Г) к следующему воскресенью

46. Летом электропоезда ходят _____ .	(А) в летнем расписании (Б) летнего расписания (В) по летнему расписанию (Г) с летним расписанием
47. После спектакля зрители подарили цветы _____ .	(А) оперные певцы (Б) оперных певцов (В) оперным певцам (Г) об оперных певцах
48. Студентам нужно получить _____ , чтобы учиться за рубежом.	(А) международные паспорта (Б) международным паспортам (В) международных паспортов (Г) международных паспортах
49. В этом здании офисы находятся _____ .	(А) на верхние этажи (Б) верхние этажи (В) на верхних этажах (Г) до верхних этажей
50. Мы привезли на дачу шесть _____ .	(А) новые стулья (Б) новых стульев (В) новых стула (Г) новым стульям
51. Последние открытия в медицине были сделаны _____ .	(А) российских учёных (Б) российские учёные (В) с российскими учёными (Г) российскими учёными

52. Оксана купила в киоске несколько _____ .	(А) поздравительными открытками (Б) поздравительные открытки (В) поздравительных открыток (Г) поздравительных открытках
53. Во время концерта певица исполнила _____ на испанском языке.	(А) популярные американские песни (Б) в популярных американских песнях (В) популярных американских песен (Г) с популярными американскими песнями
54. По понедельникам иностранные студенты слушают _____ по русской истории.	(А) интересных лекций (Б) с интересными лекциями (В) в интересных лекциях (Г) интересные лекции
55. Отец поздравил _____ с Новым Годом.	(А) своих дочерей (Б) своим дочерям (В) о своих дочерях (Г) со своими дочерьми
56. Марина позвонила _____ и пригласила их поехать в воскресенье с нами на дачу.	(А) двоюродные сёстры (Б) к двоюродным сёстрам (В) двоюродным сёстрам (Г) о двоюродных сёстрах

57. На экзамене он не смог перевести четыре _____ в тексте .	(А) новых слов (Б) новые слова (В) новых слова (Г) о новых словах
58. В жизни героев романа наступили _____ .	(А) о трудных временах (Б) трудные времена (В) трудными временами (Г) трудных времён
59. Дети очень любят _____ .	(А) домашних животных (Б) домашние животные (В) с домашними животными (Г) о домашних животных
60. Все студенты нашей группы приняли участие _____ .	(А) спортивные соревнования (Б) на спортивные соревнования (В) в спортивных соревнованиях (Г) к спортивным соревнованиям
61. В Москве находится много _____ .	(А) к иностраным посольствам (Б) иностранные посольства (В) о иностранных посольствах (Г) иностранных посольств

62. Нужно уважать _____ .	(А) старшие (Б) старшим (В) старших (Г) старшими
63. _____ борется за свои права.	(А) Современная молодёжь (Б) Современной молодёжи (В) Современную молодёжь (Г) О современной молодёжи
64. Родители всегда любят _____ .	(А) со своими детьми (Б) своих детей (В) своим детям (Г) о своих детях
65. Нельзя открывать дверь _____ . Это опасно.	(А) незнакомых людей (Б) с незнакомыми людьми (В) незнакомым людям (Г) незнакомые люди
66. Спектакли в московских театрах обычно начинаются ровно _____ вечера.	(А) к семи часам (Б) в семь часов (В) с семи часов (Г) после семи часов
67. Президент фирмы перенёс собрание _____ декабря.	(А) третье (Б) третьего (В) на третье (Г) по третье

68. – Георгий, _____ тебе сейчас звонил?	(А) кому (Б) с кем (В) кого (Г) кто
69. – Пожалуйста, подождите. Директор вернётся _____ .	(А) на минуту (Б) через минуту (В) за минуту (Г) минута
70. – Наталия Ивановна, налейте мне, пожалуйста, чашку _____ .	(А) чёрного кофе (Б) чёрный кофе (В) с чёрным кофе
71. Первый советский космонавт Юрий Гагарин полетел в космос _____ .	(А) 1961-го года (Б) в 1961-м году (В) 1961-й год
72. Туристы поедут на автобусную экскурсию _____ .	(А) на пятницу (Б) в пятницу (В) к пятнице (Г) за пятницу
73. Моя сестра родилась _____ .	(А) третье мая 2012-й год (Б) третьего мая 2012-го года
74. Молодёжный фестиваль в этом году состоится _____ .	(А) на сентябрь (Б) к сентябрю (В) за сентябрь (Г) в сентябре

75. – Кира, сколько _____ в неделю ты будешь заниматься русским языком?	(А) дни (Б) по дням (В) дней (Г) на днях
76. Прошла ещё _____ .	(А) одну неделю (Б) одна неделя (В) одной недели (Г) одной неделе
77. Диего приехал учиться в Москву _____ .	(А) в году (Б) в год (В) за год (Г) на год

ЧАСТЬ III

Задания 78–127. Выберите правильную форму.

78. – Лена, ты завтра _____ на концерте?	(А) выступай (Б) будешь выступать (В) выступала
79. – Олег, мне очень _____ пить. Пожалуйста, принеси стакан воды.	(А) хочу (Б) хочешь (В) хочется
80. Учитель просит учеников не _____ на экскурсию.	(А) опаздывают (Б) опаздывать (В) опаздывали

81. Мне очень приятно _____ с вами.	(А) познакомился (Б) познакомиться (В) познакомится
82. – Прозвенел будильник. Пора _____ .	(А) вставал (Б) вставать (В) встаёт
83. – Мама, я сейчас занята. Пусть лучше Сергей _____ за хлебом.	(А) сходит (Б) сходим (В) сходить
84. – Ребята, давайте _____ на каникулах в горы.	(А) поехать (Б) поехали (В) поедем
85. Раньше в этом магазине _____ недорогие фрукты.	(А) продавали (Б) продали
86. – Разрешите _____ вас на танец?	(А) приглашать (Б) пригласить
87. Вчера мой брат целый вечер _____ свой мобильный телефон.	(А) нашёл (Б) искал
88. – Нина, у тебя ещё есть время. Экзамены _____ только через неделю.	(А) начнут (Б) начнутся
89. Проблема климата _____ учёными многих стран.	(А) исследует (Б) исследовала (В) исследуется

90. В этом году моя сестра _____ среднюю школу.	(А) окончила (Б) окончилась
91. Он долго _____ с другом из Австрии.	(А) переписывал (Б) переписывался
92. Отдыхая на юге, мы несколько раз в день _____ в море.	(А) купали (Б) купались
93. В газете написали об учёном, _____ на десяти языках.	(А) говорящий (Б) говорящем (В) говорящего
94. Артём, _____ несколько тысяч марок, показал нам свою коллекцию.	(А) собирающий (Б) собиравший (В) собравший
95. В нашем институте очень популярны вечера, _____ латиноамериканскими студентами.	(А) организующий (Б) организовавшие (В) организованные
96. Мне нравится книга, _____ отцом.	(А) подарена (Б) подаренная (В) подарившая
97. Эти фотографии _____ талантливым фотографом.	(А) сделаны (Б) сделанные (В) сделавшие
98. _____ спортивные газеты, Вадим всегда ищет статьи о своём любимом футбольном клубе.	(А) Просматривая (Б) Просмотрев

99. _____ билет на поезд, мы отправились на вокзал.	(А) Покупая (Б) Купив
100. _____ книгу, Андрей несколько дней думал о ней.	(А) Прочитав (Б) Читая
101. В детстве отец часто _____ своих детей в зоопарк.	(А) водил (Б) вёл
102. Занятия по истории в нашей группе _____ профессор Фролов.	
103. – Папа, я помню, как в детстве ты _____ меня в цирк.	
104. – Посмотрите, как лыжники быстро _____ с такой высокой горы.	(А) катаются (Б) катятся
105. Зимой каждое воскресенье они _____ на коньках.	
106. Мои братья _____ на велосипедах в парке.	
107. Такси _____ медленно, и мы можем опоздать на вокзал.	(А) ездит (Б) едет
108. Каждую неделю он _____ в командировки.	
109. – Посмотрите, какая большая собака _____ в машине!	

110. Ежедневно автобус № 5 _____ пассажиров из центра до вокзала.	(А) возит (Б) везёт
111. У Дениса сломались часы, поэтому он _____ их в ремонт.	
112. Мать _____ детей в музыкальную школу два раза в неделю.	
113. В понедельник режиссёр _____ в Италию для участия в кинофестивале.	(А) летает (Б) летит
114. Мой друг часто _____ отдыхать в тёплые страны.	
115. Чтобы успеть к началу конференции, учёный _____ на самолете.	
116. Анвар был на дискотеке, поэтому _____ домой поздно.	(А) вошёл (Б) подошёл (В) пришёл (Г) вышел
117. – Моего соседа сейчас нет в комнате. Он _____ покурить.	
118. Мужчина _____ к кассе и купил билет на поезд.	
119. Когда я _____ до остановки, мой автобус уже уехал.	(А) перебежал (Б) добежал (В) забежал (Г) пробежал
120. Спортсмен _____ несколько километров за час.	

121. Пока не было машин, пешеход быстро _____ на другую сторону улицы.	(А) перебежал (Б) добежал (В) забежал (Г) пробежал
122. Теплоход только что _____ от берега.	(А) поплыл (Б) подплыл (В) проплыл (Г) отплыл
123. У Феликса недавно начался отпуск, поэтому он _____ с друзьями на корабле по Волге.	
124. Корабль _____ мимо красивой церкви на берегу.	
125. Моя сестра всегда _____ дорогу по пешеходному переходу.	(А) заходит (Б) уходит (В) переходит (Г) сходит
126. Каждый день Иван Иванович _____ с работы в 6 часов вечера.	
127. Мама всегда _____ в магазин за хлебом, когда идёт с работы домой.	

Задания 128–129. Выберите синонимичную форму.

128. Серьёзно занимаясь музыкой, моя сестра одновременно интересуется живописью.	(А) Моя сестра только серьезно занимается музыкой и совсем не интересуется живописью. (Б) Моя сестра серьезно занимается и музыкой и интересуется живописью. (В) Моя сестра интересуется живописью и редко занимается музыкой.
129. Объяснив новую тему по грамматике, преподаватель начал задавать студентам вопросы.	(А) Преподаватель начал задавать студентам вопросы, а потом объяснил новую тему по грамматике. (Б) Когда преподаватель объяснит новую тему по грамматике, он начнёт задавать студентам вопросы. (В) После того как преподаватель объяснил студентам новую тему по грамматике, он начал задавать им вопросы.

ЧАСТЬ IV

Задания 130–141. Выберите правильный вариант.

130. Ксению все хвалят. Она _____ хорошо танцует, _____ прекрасно рисует.	(А) ни _____ ни (Б) или _____ или (В) не только _____ но и	
131. Книжная выставка, _____ были показаны книги молодых писателей, завтра работает последний день.	(А) на которую (Б) на которой (В) в которой	
132. Яна спросила подругу, _____ она английский язык.	(А) чтобы изучала (Б) изучает ли (В) что изучит	
133. _____ профессор прочитал лекцию, ему начали задавать вопросы.	(А) В то время как (Б) После того как (В) Перед тем как	
134. – Соня, ты не знаешь, _____ недавно звонила Юля?	(А) кому (Б) кого (В) с кем	
135. Когда больной принял лекарство, ему _____ лучше.	(А) станет (Б) стало (В) становится	
136. – Ты должен много трудиться, _____ достигнешь своей цели.	(А) пока (Б) пока не	
137. Прошло много лет _____ мы окончили университет.	(А) до тех пор, как (Б) с тех пор, как (В) по мере того, как	
138. _____ Вера так долго собиралась, мы опоздали на концерт.	(А) Из-за того что (Б) Благодаря тому что	

139. Мать послала дочь на рынок, _____ она купила овощи и фрукты.	(А) чтобы (Б) для (В) за
140. _____ свой возраст, мой дедушка сам водит машину.	(А) Хотя (Б) Несмотря на (В) Но
141. _____ человек заботился о природе, сейчас она была бы в лучшем состоянии.	(А) Если бы (Б) Если

Задания 142–165. Прочитайте текст. Выберите правильный вариант.

Новые слова:

венчать – обвенчать – to marry, to perform marriage ceremony. *The priest married them last Sunday.*

венчаться – обвенчаться – to marry, to get married (in church). *They married last Sunday.*

метель – snowstorm, blizzard

офицер – officer

священник – priest

_____ (142) жила 17-летняя девушка, очень _____ (143) читать французские романы _____ (144). Девушку _____ (145) Марья Гавриловна, и была она дочерью _____ (146). Она полюбила Владимира, бедного офицера, _____ (147) недалеко _____ (148). Но её родители не хотели, чтобы их дочь вышла замуж за Владимира и жила в бедности. И тогда молодые люди, которые не могли жить _____ (149), решили тайно пожениться. Они думали, что после свадьбы они всё _____ (150) родителям, и те, конечно, их простят. Наступила зима. _____ (151), когда Марья Гавриловна решила бежать _____ (152), началась метель. Однако это не помешало девушке приехать _____ (153), где её рано утром должен _____ (154) жених. Но его там _____ (155).

_____ (156) из дома, Владимир потерял дорогу, потому что погода испортилась. Стало очень темно, пошёл снег, и подул сильный ветер. Если бы Владимир не потерял в темноте дорогу, _____ (157) на Марии Гавриловне.

Марья Гавриловна _____ (158) Владимира в церкви до утра. Наконец, офицер приехал. Священник их быстро обвенчал. Когда Мария Гавриловна посмотрела на офицера, она поняла, что это другой человек, не Владимир. Это была ужасная ошибка. Девушка долго плакала, а потом вернулась домой одна. Больше она никогда не вспоминала _____ (159). Вскоре после этого случая Владимир уехал на войну и через несколько месяцев погиб.

_____ (160) Марья Гавриловна познакомилась с офицером по фамилии Бурмин. Они полюбили _____ (161), но молодой человек никогда ничего не говорил ей о своём чувстве. Уже все соседи обсуждали их свадьбу, а Бурмин всё молчал. Наконец, он объяснил Марье Гавриловне своё поведение, _____ (162) ей страшную тайну. Он рассказал, что был женат, но не знал, кто его жена. А дело было так. Однажды, _____ (163) от сильной метели, Бурмин под утро оказался в церкви, где увидел красивую девушку. Его подвели к ней, и их быстро _____ (164). Когда Бурмин хотел _____ (165) её, она впервые посмотрела на него и вдруг, закричав «Не он! Не он!», упала без памяти. Больше Бурмин не видел девушку, над которой так жестоко пошутил в ту ужасную ночь. Теперь, наверное, вы догадались, что этой девушкой была Марья Гавриловна.

142. (А) В одну деревню
(Б) В одной деревне
(В) Из одной деревни

143. (А) любящая
(Б) любимая
(В) любившая

144. (А) за большую любовь
(Б) от большой любви
(В) о большой любви

145. (А) звали
(Б) назвали
(В) позвали

146. (А) богатого помещика
(Б) с богатым помещиком
(В) у богатого помещика

147. (А) живший
(Б) жившему
(В) жившего

148. (А) у неё
(Б) от неё
(В) к ней

149. (А) друг у друга
(Б) друг с другом
(В) друг без друга

150. (А) будут объяснять
(Б) объяснили
(В) объяснят

151. (А) Тот день
(Б) В тот день
(В) О том дне

152. (А) домой
(Б) в дом
(В) из дома

153. (А) в церкви
(Б) в церковь
(В) из церкви

154. (А) был ждать
(Б) ждал
(В) ждал бы

155. (А) не был
(Б) не было бы
(В) не было

156. (А) Выехал
(Б) Выехав
(В) Выезжая

157. (А) он приехал вовремя и женился
　　(Б) он бы приехал вовремя и женился
　　(В) приехал ли он вовремя и женился ли

158. (А) прождав
　　(Б) ожидая
　　(В) прождала

159. (А) к своему жениху
　　(Б) о своём женихе
　　(В) со своим женихом

160. (А) за три года
　　(Б) в три года
　　(В) через три года

161. (А) друг другом
　　(Б) друг друга
　　(В) друг другу

162. (А) была открыта
　　(Б) открыли
　　(В) открыв

163. (А) спасался
　　(Б) спасаясь
　　(В) спасся

164. (А) обвенчали
　　(Б) обвенчались
　　(В) обвенчали бы

165. (А) поцеловать
　　(Б) поцеловал
　　(В) поцелует

Субтест 2. ЧТЕНИЕ

Инструкция к выполнению теста

- Время выполнения теста – 50 минут.

- При выполнении теста можно пользоваться словарём.

- Тест состоит из 3 текстов, 20 тестовых заданий и матрицы.

- Напишите ваше имя и фамилию, страну, дату тестирования на матрице.

- Выберите правильный вариант ответа и отметьте соответствующую букву в матрице.

Например:

(Б – правильный вариант).

Если Вы ошиблись и хотите исправить ошибку, сделайте так:

| А | Б | В | Г |

(В – ошибка, Б – правильный вариант).

Отмечайте правильный выбор только в матрице, в тесте ничего не пишите (проверяется только матрица).

Задания 1–8. Прочитайте текст 1 – фрагмент из книги «Самые известные российские праздники». Выполните задания после него.

ТЕКСТ 1

ЗИМНИЕ ПРАЗДНИКИ

Новый год – один из самых любимых и весёлых праздников во всём мире, но в разных странах люди отмечают (празднуют) его по-разному и в разное время.

Как это было раньше, в старину?

Например, древние греки праздновали Новый год после 21 июня, когда на небе появлялась новая, молодая луна.

В Древнем Риме Новый год начинался 1 марта.

Почти во всей Европе в Средние века начало нового года было 25 марта.

А как и когда люди отмечают Новый год в разных странах сейчас?

Большинство жителей христианских стран празднуют Новый год 1 января. Китайцы отмечают этот праздник два раза в год. Первый раз – 1 января, как европейцы, американцы и многие другие, а второй раз – в день Нового года по китайскому лунному календарю, а это может быть один из дней между 21 января и 21 февраля.

Корейцы, как и китайцы, празднуют Новый год дважды: первый раз – по европейскому календарю, второй раз – по традиционному лунному календарю.

В Индонезии тоже два праздника. Один – 1 января, второй – исламский Новый год, его дата каждый год меняется.

Иран празднует Новый год 21 марта.

Разные религиозные группы в Индии встречают Новый год в разное время.

А что же в России?

До Петра I в России Новый год праздновали не в морозные дни января, а в сентябре, когда крестьяне собирали урожай. Но Пётр I решил сделать всё, как в Европе, и приказал «не дурить людям головы» и встречать Новый год в ночь с 31 декабря на 1 января. Это он, царь-реформатор, ввёл новые традиции: поздравлять друг друга с Новым годом, желать друг другу здоровья, счастья, благополучия, дарить подарки, украшать ёлки, играть с детьми в зимние игры, а взрослым запретил драться и быть пьяными в этот день, так как «на это и других дней хватает» (так было написано в указе (законе) Петра). Первый праздник, когда в России люди встречали Новый год по европейской традиции, – а это был 1700 год – прошёл под личным руководством царя, с красивым фейерверком.

И ещё одна традиция родилась в то время: обязательно в полночь 31 декабря быть всем членам семьи вместе за одним столом. Эти традиции живут в России уже более 300 лет.

У русских существовало много интересных обычаев, связанных с этим праздником. Например, в Новый год хозяйки готовили много вкусной еды, чтобы весь год семья жила сытно, а не голодала. Перед Новым годом люди заканчивали все свои дела, и 1 января никто не занимался тяжёлой и грязной работой, потому что считали, что если работать в этот день, то весь год люди будут много трудиться и не будут отдыхать. Вечером 31 декабря и весь следующий день люди надевали новую одежду и даже несколько раз переодевались, чтобы весь год были обновы, новые вещи. Была ещё одна интересная традиция: в Новый год, 31 декабря и 1 января, не нужно было отдавать долги, чтобы весь год не отдавать свои деньги другим людям. Это нужно было сделать до праздника. Люди считали, что если первый день Нового года был весёлый и счастливый, то и весь год будет такой. Обычно девушки на Святки гадали. Они думали, что гадание в это время будет самым верным, правильным. Было много разных гаданий, но большинство из них было о замужестве, о женихе.

В России есть ещё один любимый праздник. Он называется «старый Новый год». Что это? Парадокс? Нет, в этот день, 14 января, русская православная церковь празднует Новый год по старому, юлианскому календарю. В нашей стране это обычный рабочий день. В этот день все люди работают, но настроение у всех праздничное. Для русских это ещё одна причина собраться всем вместе в семье или с друзьями за столом. «Приходите к нам на старый Новый год», – эти слова часто можно услышать в первые две недели января.

Но, конечно, главный христианский праздник – Рождество, день рождения Иисуса Христа. В католической церкви его празднуют 25 декабря, а в православной – 7 января. В этот день люди украшают церкви и дома, ходят в гости к родственникам и друзьям, принимают гостей у себя, поздравляют друг друга с праздниками, дарят друг другу подарки, готовят традиционные рождественские блюда. Чаще всего это гусь.

В день накануне Рождества православные ничего не едят до самого вечера, потому что это последний день православного поста, который продолжался сорок дней. Люди ждут, когда на небе появится первая звезда, которая символизирует рождение Иисуса Христа.

После Рождества в России начинаются Святки, или святые вечера, которые продолжаются до 19 января, до большого церковного праздника – Крещения. Святки – это период, когда вспоминают древние обычаи и традиции. Например, люди надевают маскарадные костюмы, маски, чтобы испугать и прогнать злых духов.

Святки – это весёлые игры, песни и, конечно, встречи с родственниками и друзьями. В этот день дети собираются вместе и ходят в гости к соседям, знакомым и незнакомым людям, поют там песни, танцуют, а взрослые дарят им конфеты, печенье, орехи, подарки.

И, конечно, тот, кто хочет узнать о своём будущем, на Святки тоже гадает.

Выберите вариант, который наиболее полно и точно отражает содержание текста.

1. В зависимости от лунного календаря Новый год отмечают в один из дней с 21 января по 21 февраля _____ .

   (А) в Иране

   (Б) в Китае

   (В) в Индонезии

2. Дата _____ Нового года каждый год меняется.

   (А) православного

   (Б) исламского

   (В) католического

3. В Корее Новый год празднуют _____ .

   (А) каждый год в разное время

   (Б) после 21 июня, когда на небе появляется новая луна

   (В) два раза в год

4. До Петра I в России Новый год отмечали _____ .

   (А) два раза: первый раз 1 января, второй – в день Нового года по лунному календарю

   (Б) в сентябре, после сбора урожая

   (В) в морозные дни января

5. В России Новый год встречают _____ .

   (А) в любой день сентября

   (Б) в кругу семьи в полночь 31 декабря

   (В) между 23 января и 19 февраля, с грандиозным фейерверком

6. В современной России 14 января – в праздник «старого Нового года» – _____ .

   (А) люди работают, потому что это обычный рабочий день

(Б) никто не работает, потому что у всех хорошее, праздничное настроение

(В) все отказываются работать, потому что Русская православная церковь в этот день празднует Новый год по старинному юлианскому календарю

7. Накануне Рождества православные люди _____ .

(А) весь день едят традиционные рождественские блюда

(Б) ходят к знакомым и незнакомым и дарят им сладости

(В) начинают есть, когда на небе появляется первая звезда

8. Святки – это православный праздник, когда люди надевают маскарадные костюмы и маски, чтобы _____ .

(А) принимать у себя гостей

(Б) петь друзьям весёлые песни и гадать

(В) испугать и прогнать злых духов

Задания 9–14. Прочитайте текст 2 – фрагмент из биографии известного русского учёного-физика Анатолия Петровича Александрова. Выполните задания после него.

ТЕКСТ 2

ЧЕЛОВЕК, ПОПАВШИЙ В ИСТОРИЮ

Среди учёных ходит одна легенда, хотя этот случай произошёл на самом деле. Однажды к известному русскому учёному-физику академику Абраму Фёдоровичу Иоффе пришёл совсем молодой человек и предложил ему ещё раз внимательно ознакомиться с результатами своих последних научных исследований. Внимательно всё проверив, Абрам Фёдорович понял, что он, знаменитый физик, сделал в своём исследовании ошибку, а юный коллега нашёл её и исправил. Поэтому нужно было исследовать всё сначала. Знаменитый учёный и юноша так и сделали. С этого момента опытный физик А.Ф. Иоффе и молодой человек, которого звали Анатолий Александров, начали работать вместе. Так началась блестящая научная карьера Анатолия Петровича Александрова.

Одним из самых важных и напряжённых этапов его жизни можно назвать 1936–1942 годы, когда А.П. Александров возглавил работы по противоминной защите морских кораблей. Благодаря его научным исследованиям во время Второй мировой войны были спасены многие корабли и жизнь многих тысяч людей.

Долгие годы учёный занимался исследованием ядерной энергии. В 1960 году, после смерти известного советского физика-ядерщика академика И.В. Курчатова, «отца» советской атомной бомбы, А.П. Александров возглавил Институт атомной энергии и почти тридцать лет был научным руководителем программ по разработке и строительству ядерных реакторов. Люди, близко знавшие А.П. Александрова, говорили, что Чернобыльская катастрофа стала для него личной трагедией. Учёный считал, что он тоже виноват в том, что произошло на Чернобыльской атомной электростанции в 1986 году.

Вот что рассказывали об А.П. Александрове его коллеги и друзья. Например, академик К. Фролов вспоминал: «Анатолий Петрович всегда был очень работоспособным человеком. Много лет он являлся членом Российской академии наук, но даже в старости он не пропускал ни одного собрания, которые проходили в Академии наук. Выступления Анатолия Петровича на конференциях, на защитах диссертаций всегда были интересными, краткими, ясными. Он никогда не читал текст своего выступления, не говорил по бумажке».

Из других воспоминаний его коллег известно, что у А.П. Александрова были не только научные интересы. Например, в свободное время он с удовольствием ходил на рыбалку, часто охотился. Известный учёный очень увлекался музыкой и театром. Каждый год в его квартире дети, друзья и родственники играли в театр. Они ставили домашние спектакли. Костюмы для спектаклей готовили сами члены его семьи. Других «артистов» тоже всегда было много. Анатолий Петрович любил показывать свою семейную фотографию, на которой… больше сорока человек! У него было четверо детей: три сына и дочь. Все они тоже стали учёными – два физика и два биолога. А вот внуков и правнуков у известного академика было около сорока. Среди них есть филологи, экономисты, бизнесмены – люди разных профессий.

Академик Ю.А. Осипьян вспоминал: «Анатолий Петрович был очень весёлым человеком, любил шутить. Каждую зиму он с сыном и внуками строил около дома большую ледяную гору, а когда собирались гости, среди которых были государственные деятели и известные учёные, А.П. Александров всех приглашал покататься с этой горы. Нужно было обязательно лечь и ехать с горы лёжа. Для этого всем гостям давали старую одежду. Если кто-то из гостей отказывался от этого развлечения, значит, он не мог стать своим человеком в доме А.П. Александрова. Вот такой особый тест для гостей был у академика».

Вообще у А.П. Александрова было прекрасное чувство юмора. Например, когда кто-нибудь шутил над его большой, гладкой, лысой головой, почти как у Фантомаса, героя известной французской кинокомедии, он смеялся громче всех.

Выберите вариант, который наиболее полно и точно отражает содержание текста.

9. Ошибку в исследовании русского учёного-физика академика А.Ф. Иоффе нашёл _____ .

(А) знаменитый учёный-физик

(Б) начинающий молодой физик

(В) член Российской академии наук

10. Во время Второй мировой войны жизни тысяч моряков были спасены благодаря исследованиям учёных _____ под руководством А.П. Александрова.

(А) по противоминной защите морских кораблей

(Б) по ядерной энергии

(В) по разработке и строительству ядерных реакторов

11. Авария на Чернобыльской атомной электростанции произошла _____ .

(А) в 1936 году

(Б) в 1960 году

(В) в 1986 году

12. Являясь членом Российской академии наук, А.П. Александров _____ её собрания.

(А) иногда посещал

(Б) никогда не пропускал

(В) никогда не посещал

13. Дети А.П. Александрова стали _____ .

(А) физиками и филологами

(Б) бизнесменами и экономистами

(В) физиками и биологами

14. Когда зимой к А.П. Александрову приезжали гости, он приглашал их _____ .

(А) покататься с ледяной горы

(Б) на рыбалку

(В) на охоту

Задания 15–20. Прочитайте текст 3 – одну страшную историю из жизни Алексея. Выполните задания после него.

ТЕКСТ 3

Вы, наверное, любите ходить в кино. Мой друг Алексей тоже очень любит смотреть фильмы, особенно страшные. Его любимый фильм – «Вампир в городе», и вы поймёте почему, когда узнаете об одной истории, которая случилась с ним летом.

Его небольшая семья – он сам, жена, сын и дочь – живёт недалеко от Москвы в небольшом старинном городке. Однажды его жена и дочь уехали отдыхать на всё лето в деревню к бабушке, а он с сыном остался дома. Через несколько дней после отъезда жены и дочери сын Алексея должен был поехать вместе с учителем по истории на экскурсию по древним городам России. Поезд уходил в понедельник в 10 часов утра из Москвы, с Киевского вокзала, поэтому они с сыном встали рано утром и поехали в Москву, чтобы не опоздать на поезд. Они приехали вовремя. Сын попрощался с отцом и сел в поезд. Отец помахал сыну рукой и, когда поезд отошёл от станции, пошёл гулять по городу. Мой друг очень любит Москву. Когда он приезжает сюда, он всегда гуляет по улицам и проспектам, отдыхает в парках, посещает выставки и музеи, ходит в театры.

Так было и в этот раз. Алексей немного погулял по центру Москвы и пришёл в Лаврушинский переулок. Там находится известный музей «Третьяковская галерея», и ему, конечно, захотелось ещё раз посмотреть картины художников, которые все русские знают с детства. Все картины были прекрасные, и он долго ходил по музею. Когда Алексей вышел из галереи, был уже вечер. Он вернулся на поезде из Москвы в свой маленький городок, медленно дошёл до дома, поднялся на свой последний этаж, достал ключ и уже хотел открыть дверь, но вдруг, к своему ужасу, заметил, что дверь не закрыта. Сначала он подумал, что утром, когда они с сыном поехали в Москву на вокзал, они так спешили, что забыли закрыть дверь. Но потом он точно вспомнил, что, перед тем как спуститься с лестницы, его сын напомнил ему ещё раз посмотреть, закрыл ли он дверь на ключ. И она действительно была закрыта.

Алексей толкнул её, но она почему-то не открывалась. Тогда он толкнул её ещё раз сильнее. Казалось, что кто-то держит её изнутри. Алексей со всей силы толкнул дверь, и она наконец открылась. Оказалось, что у двери лежали тяжёлые гантели сына и мешали открыть дверь.

Когда Алексей вошёл в квартиру, то неожиданно увидел длинную верёвку, которая была привязана к лампе на потолке. На конце верёвки была записка, в которой кривыми буквами было написано: «Жди! Сегодня ночью я приду за тобой». В конце записки стояла подпись известного героя фильмов ужасов: «Вампир». Но это было не всё. На кухне, куда мой друг вошёл, чтобы выпить стакан воды, он увидел на столе ещё одну записку: «Я всегда за тобой слежу. Тебе от меня никуда не уйти. Я найду тебя везде и всегда. Вампир». Это было уже слишком. Сначала Алексей решил, что кто-то хочет подшутить над ним. Но кто? Ведь никого не было дома: жена и дети уехали. «Может быть, кто-то спрятался в квартире?» – подумал Алексей и внимательно осмотрел все комнаты, но никого не нашёл.

Потом он перечитал записки ещё раз, и ему стало страшно. Тогда он позвонил в полицию и рассказал, что произошло. Полицейский выслушал рассказ Алексея и сказал ему, чтобы он не волновался. Он сказал, что скоро приедет к нему домой, и попросил Алексея никуда не уходить из квартиры.

Через полчаса полицейский приехал. Войдя в квартиру, он внимательно осмотрел её, прочитал записки и спросил, живут ли в этой квартире дети и если живут, то сколько им лет. Мой друг ответил, что здесь живут его дети: дочь и сын, но сейчас их нет дома, потому что они уехали отдыхать. Он сказал, что его дочери 15 лет, а сыну недавно исполнилось 17 лет. Тогда полицейский попросил Алексея принести ему школьные тетради детей. Когда он взял тетради и сравнил их с записками, то почему-то засмеялся и потом сказал: «Я уверен, что это сделал ваш сын».

Через неделю сын Алексея вернулся домой после экскурсии. Увидев сына, отец спросил его, зачем он написал эти страшные записки. И вот что сын рассказал отцу. После того как они попрощались в Москве на вокзале, мальчик поехал в поезде на экскурсию по старинным городам. Но первым городом, который они должны были посетить, был их маленький городок, где Алексей живёт со своей семьёй. Все ребята пошли на экскурсию по городу с экскурсоводом, а сын Алексея решил поехать домой, потому что он прекрасно знал свой город и всё самое интересное в нём он уже видел. Ему было скучно одному в квартире, и он решил пошутить над своим папой. Но как? Сын очень любил смотреть фильмы про вампиров. А отцу, наоборот, эти фильмы не нравились. Чтобы испугать отца, мальчик быстро написал страшные записки, специально не закрыл дверь и пошёл на вокзал. Остальное вы уже знаете. Теперь Вампир стал любимым киногероем Алексея.

Выберите вариант, который наиболее полно и точно отражает содержание текста.

15. Данному тексту наиболее точно соответствует название _____ .

(А) «Моя дружба с Алексеем»

(Б) «Экскурсия в Третьяковскую галерею»

(В) «Страшная история»

16. Семья моего друга Алексея живёт _____ .

(А) в маленьком городке

(Б) в Москве

(В) в деревне

17. Сын Алексея отправился на экскурсию _____ .

(А) в Третьяковскую галерею

(Б) по старинным русским городам

(В) в музей

18. Прочитав записки, Алексей испугался и позвонил _____ .

(А) в полицию

(Б) своему другу

(В) своей жене

19. Школьные тетради детей Алексея внимательно посмотрел и сравнил с записками _____ .

(А) учитель по истории

(Б) экскурсовод

(В) полицейский

20. Страшные записки написал _____ .

(А) друг Алексея

(Б) сын Алексея

(В) дочь Алексея

Субтест 3. АУДИРОВАНИЕ

Инструкция к выполнению теста

- Время выполнения теста – 35 минут.

- При выполнении теста пользоваться словарём нельзя.

- Тест состоит из 6 частей, 30 заданий к ним и матрицы.

- Напишите ваше имя и фамилию, страну, дату тестирования на матрице.

- Вы прослушаете 6 аудиотекстов. Все аудиотексты звучат один раз. После прослушивания текста выберите правильный вариант и отметьте соответствующую букву в матрице.

Например:

(Б – правильный вариант).

Если Вы ошиблись и хотите исправить ошибку, сделайте так:

(В – ошибка, Б – правильный вариант).

Отмечайте правильный выбор только в матрице, в тесте ничего не пишите (проверяется только матрица).

Задания 1–5. Прослушайте аудиотекст 1 – радиопередачу «Необычный студент». Постарайтесь понять, почему этого студента называют самым необычным. Выполните задания к аудиотексту.

• Время выполнения задания – до 5 минут.

Слушайте аудиотекст 1
(Звучат аудиотекст 1 и задания к нему.)

1. Несколько лет назад в Технический университет поступил необычный студент, которому было _____ .

(А) двенадцать лет

(Б) восемь лет

(В) десять лет

2. Эрнесто Евгения Санчеса Шайду приняли в университет _____ .

(А) после окончания средней школы

(Б) после сдачи вступительных экзаменов

(В) после участия в олимпиаде по математике

3. В первом классе он занимался математикой по учебнику для учеников _____ .

(А) первого класса

(Б) одиннадцатого класса

(В) пятого класса

4. Сейчас Эрнесто Евгений Санчес Шайда учится в _____ .

(А) школе

(Б) Московском техническом университете

(В) американском университете

5. У Эрнесто _____ .

(А) есть взрослый друг в Америке

(Б) нет друзей

(В) много школьных друзей

Задания 6–10. Прослушайте аудиотекст 2 – фрагмент выступления ректора Российского университета дружбы народов. Постарайтесь понять тему выступления. Выполните задания к аудиотексту.

- Время выполнения задания – до 5 минут.

Слушайте аудиотекст 2
(Звучат аудиотекст 2 и задания к нему.)

6. Тема выступления ректора _____ .

(А) «50 лет Российскому университету дружбы народов».

(Б) «Космос и Российский университет дружбы народов».

(В) «Начало нового учебного года».

7. Российский университет дружбы народов был основан _____ .

(А) в 1992 году

(Б) несколько лет назад

(В) в 1960 году

8. Иностранные космонавты _____ в нашем университете.

(А) работали

(Б) получили второе высшее образование

(В) изучали русский язык

9. По рейтингу лучших университетов России РУДН занимает среди университетов России.

(А) пятое место

(Б) одно из первых пяти мест

(В) первое место

10. Один из главных плюсов университета – это возможность _____ .

(А) заниматься спортом

(Б) стать аспирантом

(В) получить несколько дипломов

Задания 11–15. Прослушайте аудиотекст 3 – рекламу гостиницы. Постарайтесь понять информацию о гостинице. Выполните задания к аудиотексту.

- Время выполнения задания – до 10 минут.

Слушайте аудиотекст 3
(Звучат аудиотекст 3 и задания к нему.)

11. Гостиница «Атлас Парк-Отель» находится _____ .

(А) в Москве

(Б) в Московской области

(В) в Африке

12. Чтобы доехать до гостиницы на машине, вам нужно _____ .

(А) полтора часа

(Б) час

(В) меньше часа

13. В гостинице «Атлас Парк-Отель» влюблённые обычно останавливаются в номере _____ .

(А) «Любовь»

(Б) «Африка»

(В) «Греческий»

14. В гостинице _____ .

(А) нет выхода в Интернет

(Б) отсутствует бассейн

(В) есть всё, что нужно гостю для хорошего отдыха

15. «Атлас Парк-Отель» – это место _____ .

(А) только для переговоров

(Б) не только для отдыха, но и для проведения деловых встреч

(В) только для праздничных обедов и ужинов

Задания 16–20. Прослушайте аудиотекст 4 – разговор девочки Маши с родителями. Постарайтесь понять, что они обсуждали и о чём договорились. Выполните задания к аудиотексту.

- Время выполнения задания – до 5 минут.

Слушайте аудиотекст 4
(Звучат аудиотекст 4 и задания к нему.)

16. Маше скоро будет _____ .

(А) семь лет

(Б) шесть лет

(В) восемь лет

17. Родители Маши предложили ей пригласить друзей _____ .

(А) на экскурсию

(Б) на праздничный обед

(В) в зоопарк

18. Маша хотела, чтобы её родители подарили ей _____ .

　　(А) велосипед

　　(Б) фотоаппарат

　　(В) мобильный телефон

19. Маша попросила родителей подарить ей подарки на день рождения _____ .

　　(А) за этот год

　　(Б) за прошлый год

　　(В) за следующие два года

20. Родители решили поздравить Машу _____ .

　　(А) с семилетием

　　(Б) с восьмилетием

　　(В) с девятилетием

Задания 21–25. Прослушайте аудиотекст 5 – разговор на улице. Постарайтесь понять, с кем и о чём говорил Диего. Выполните задания к аудиотексту.

- Время выполнения задания – до 5 минут.

Слушайте аудиотекст 5
(Звучат аудиотекст 5 и задания к нему.)

21. Диего разговаривал _____ .

　　(А) с русским студентом

　　(Б) с преподавателем

　　(В) с полицейским

22. Диего хочет быть _____.
    (А) историком
    (Б) филологом
    (В) журналистом

23. Диего _____.
    (А) хорошо говорит по-русски
    (Б) совсем не говорит по-русски
    (В) плохо говорит по-русски

24. На подготовительном факультете учатся _____.
    (А) только иностранные студенты
    (Б) российские студенты
    (В) российские и иностранные студенты

25. Завтра Диего хочет пойти _____.
    (А) в Кремль
    (Б) в Исторический музей
    (В) в университет

Задания 26–30. Прослушайте аудиотекст 6 – разговор Антона и Дениса. Постарайтесь понять, кого и куда пригласила Даша. Выполните задания к аудиотексту.

• Время выполнения задания – до 5 минут.

Слушайте аудиотекст 6
(Звучат аудиотекст 6 и задания к нему.)

26. Даша пригласила друзей _____ .

    (А) на свой день рождения

    (Б) на новоселье

    (В) на экскурсию

27. К Даше пойдут (пойдёт) _____ .

    (А) Антон и Денис

    (Б) только Антон

    (В) один Денис

28. Праздник состоится в _____ .

    (А) среду

    (Б) понедельник

    (В) субботу

29. Денис должен купить _____ .

    (А) розы

    (Б) конфеты

    (В) торт и шампанское

30. Антон и Денис ещё подарят Даше _____ .

    (А) электрический чайник

    (Б) красивые чашки

    (В) вазу

Субтест 4. ПИСЬМО

Инструкция к выполнению теста

- Время выполнения теста – 60 минут.
- При выполнении теста можно пользоваться словарём.
- Тест состоит из 2 заданий.

Задание 1. Вас интересуют две проблемы: защита природы и сохранение культуры. Прочитайте текст и изложите письменно свою точку зрения по следующим вопросам:

1. В какой обстановке живёт современный человек?
2. На какие разделы делится экология?
3. Что значит понятие «культурная среда»?
4. Как воспитать бережное отношение к культурной среде?
5. Объясните, почему, с вашей точки зрения, защита и сохранение культурной среды являются важнейшими задачами экологии культуры?

ЭКОЛОГИЯ КУЛЬТУРЫ

Воспитание любви к родной стране, к родной культуре, к родному языку – важная задача. Эта любовь начинается с любви к своей семье, к своему дому, и постепенно она переходит в любовь к своей родине, к её истории, её прошлому и настоящему, а затем ко всему человечеству, к человеческой культуре.

Человек живёт в определённой окружающей среде. Загрязнение окружающей среды делает человека больным, угрожает его жизни, жизни всего человечества. Всем известно, что учёные проводят большую работу, чтобы спасти от загрязнения животный и растительный мир нашей планеты. Люди тратят миллиарды долларов не только на то, чтобы не погибнуть, но и на то, чтобы сохранить окружающую нас природу, которая даёт людям возможность эстетического и нравственного отдыха.

Но экологию нельзя ограничивать только задачами сохранения природной биологической среды. В жизни человека большую роль играет культурная среда, которую создали его предки. Сохранение культурной среды – задача не менее важная, чем сохранение окружающей природы. Если природа необходима человеку для его биологической жизни, то культурная среда так же необходима для его духовной, нравственной жизни. Культурная среда делает человека человеком. Он должен любить и беречь культурную среду. Несмотря на то что за последнее время в мировой литературе появилось много исследований, авторы которых изучают такой феномен, как культурная среда, вопрос о нравственной экологии не изучался на государственном уровне, он даже не изучался учёными как жизненно важный вопрос для человека. Учёные исследуют только отдельные виды культуры, в основном наследие (остатки) культурного прошлого, вопросы реставрации памятников культуры и их сохранение. Не изучается нравственное значение культуры и влияние культурной среды на человека, хотя факт воспитательного влияния на человека его культурной среды ни у кого не вызывает сомнений.

Человек воспитывается в определённой культурной среде, которая сложилась на протяжении многих веков. История открывает людям окно в мир. Подумайте сами. Жить там, где жили великие поэты, писатели, художники, философы, композиторы, посещать музеи и театры, видеть памятники старины – значит постоянно обогащаться духовно. Таким образом, культурная среда – это очень широкое понятие: это и дом человека, и город, в котором он живёт. Это и музеи, которые он посещает, и музыка, которую он слушает. Литература, религия, философия, живопись, архитектура, скульптура – всё это культура, или культурная среда.

Улицы, площади, дома, парки напоминают нам о прошлом, об истории, о прекрасном.

Все замечательные произведения прошлого, в которые наши предки вложили свой талант и свою любовь, влияют на каждого человека, воспитывают его. Они помогают людям уважать своих предков, любить родную историю и культуру своего народа, мировую культуру.

Если человек не любит старые улицы, старые дома, значит, у него нет любви к своему городу. Если человек равнодушен ко всему, что составляет его жизнь, он, как правило, равнодушен и к своей стране.

В любом обществе у людей должны быть определённые главные нравственные принципы. Например, многие люди считают, что самым главным в их жизни должна быть хорошая семья, что люди должны быть честными, трудолюбивыми и заниматься благотворительностью, то есть помогать друг другу, особенно старым, больным и бедным людям. Эти принципы являются основными, потому что от них образуются все другие ценности в культуре людей. Родители передают их своим детям, их пропагандируют государство, школы, университеты, церковь.

В настоящее время учёные во всём мире, занимающиеся проблемами экологии, беспокоятся об экологическом состоянии планеты Земля. Если в ближайшее время не будут приняты срочные меры, наша планета будет в критическом положении.

Итак, в экологии есть два раздела: экология биологическая и экология культурная. Убить человека биологически может нарушение законов биологической экологии. Убить человека нравственно может нарушение законов культурной экологии. И нет между ними границы, как нет точной границы между природой и культурой. Поэтому защита и сохранение культурной среды в XXI веке являются важнейшими задачами экологии культуры.

Задание 2. Вы недавно приехали в Москву, чтобы учиться в российском университете. Напишите письмо своим родителям, расскажите в нём о своей жизни и учёбе в Москве.

Ваше письмо должно содержать не менее 20 предложений.

Субтест 5. ГОВОРЕНИЕ

Инструкция к выполнению теста

- Время выполнения теста – 50 минут.
- Тест состоит из 4 заданий (13 позиций).
- При выполнении задания 3 можно пользоваться словарём.
- Ваши ответы записываются на плёнку.

Инструкция к выполнению задания 1
(позиции 1–5)

- Время выполнения задания – до 5 минут.
- Задание выполняется без предварительной подготовки.
- Вам нужно принять участие в диалогах. Вы слушаете реплику тестирующего преподавателя и даёте ответную реплику. Если вы не успеете дать ответ, не задерживайтесь, слушайте следующую реплику.
- Помните, что вы должны дать полный ответ (ответы «да», «нет», «не знаю» не являются полными).

Задание 1 (позиции 1–5). Примите участие в диалогах. Ответьте на реплики собеседника.

1. – Настя, вы ходили в магазин. Что вы купили в магазине?
   – _____ .

2. – Аня, скоро воскресенье. Что ты будешь делать в воскресенье?
   – _____ .

3. – Сегодня вы очень весёлый. Скажите, почему?

– _____ .

4. – Настя, я не знаю, какой сувенир привезти подруге (другу) из Москвы. Посоветуй мне, пожалуйста.

– _____ .

5. – Девушка, вы не скажете, где находится аптека?

– _____ .

Инструкция к выполнению задания 2
(позиции 6–10)

- Время выполнения задания – до 8 минут.
- Задание выполняется без предварительной подготовки.
- Вам нужно принять участие в 5 диалогах. Вы знакомитесь с ситуацией и после этого начинаете диалог, чтобы решить поставленную задачу. Если одна из ситуаций покажется вам трудной, переходите к следующей ситуации.

Задание 2 (позиции 6–10). Познакомьтесь с описанием ситуации. Начните диалог.

6. У вашей бабушки скоро день рождения. Она пригласила гостей. Вы хотите помочь ей. Спросите бабушку, что нужно купить на рынке. Она будет готовить стол на 10 человек.

7. Ваш брат (ваша сестра) лежит в больнице. Позвоните туда и спросите о его (её) здоровье.

8. Вы в незнакомом городе. Вам нужно поменять деньги. Спросите у полицейского, где находится банк.

9. Вы приехали в Москву изучать русский язык. Ваша новая преподавательница говорит по-английски. Спросите её, где и сколько времени она изучала английский язык.

10. Вы хотите купить 2 билета в кино. Спросите у кассира в кинотеатре, когда начинается фильм, сколько стоит билет.

Инструкция к выполнению задания 3
(позиции 11, 12)

- Время выполнения задания – до 25 минут (15 минут – подготовка, 10 минут – ответ). При подготовке задания можно пользоваться словарём.

Задание 3 (позиции 11, 12). Прочитайте рассказ об одном случае из жизни известного композитора Микаэла Таривердиева. Кратко передайте его содержание.

Однажды в телевизионной программе известный композитор Микаэл Таривердиев рассказал интересный случай из своей жизни. Это случилось в Москве, сразу после Великой Отечественной войны. В то время людям жить было очень трудно.

Микаэл был молодым. Он мечтал поступить в университет, получить высшее образование и начать работать. Молодой человек очень любил музыку и поступил в консерваторию. Особенно юноше нравилось самому сочинять музыку.

Молодой человек жил в общежитии в Москве. В его комнате жили ещё семь студентов, которые также учились в консерватории. У них был только один рояль на восемь человек.

Микаэл получал очень маленькую стипендию и тратил почти все деньги на нотную бумагу и на еду. Особенно трудно было зимой. У Микаэла не было тёплой зимней одежды: шапки, обуви, пальто, и поэтому на улице ему всегда было очень холодно.

Консерватория, в которой учился Микаэл, находилась в центре Москвы, а общежитие – на другом конце города. Сначала юноша ехал на занятия на метро, а потом быстро-быстро шёл в консерваторию пешком. По дороге Микаэл заходил в магазин или в кафе, но не потому, что хотел что-то купить, выпить чай или кофе, а потому, что хотел побыть несколько минут в тепле, чтобы погреться.

Вот что произошло однажды. Это было зимой. Температура воздуха была –25... –30 градусов. Микаэл, как всегда, зашёл в магазин погреться. Когда он стоял у окна, он увидел незнакомого мужчину, который внимательно смотрел на него.

Неожиданно этот мужчина подошёл к нему и спросил:

– Молодой человек, извините, вы студент?

– Студент, – ответил Микаэл.

– Знаете что, – продолжал незнакомец, – я хочу дать вам или, лучше сказать, подарить вам тысячу рублей.

– Как? Почему? – удивился Микаэл. – Разве вы знаете меня?

– Нет, я не знаю вас, – ответил незнакомец, – но я видел вас здесь уже несколько раз и понял, что вы, наверное, студент и что вам сейчас трудно жить. У меня есть деньги, и я могу подарить вам тысячу рублей. Несколько лет назад я сам был студентом и жил очень бедно. Один добрый незнакомый человек дал мне тысячу рублей, которые очень помогли мне. Но он очень просил, чтобы, когда у меня будут деньги, я сделал так же, как он. Поэтому я дарю вам деньги, но при одном условии: пообещайте мне, что когда вы будете работать и у вас появятся деньги, вы, как и я, подарите их бедному студенту.

Микаэл взял деньги и поблагодарил незнакомца. Он очень обрадовался. Тысяча рублей для него была огромная сумма. Он почувствовал себя миллионером.

Молодой человек сразу пошёл в большой магазин и купил себе тёплую одежду: пальто за 250 рублей и тёплую шапку за 100 рублей. Остальные деньги он оставил на продукты для себя и своих друзей.

Прошло 10 лет. Микаэл Таривердиев давно уже закончил консерваторию. Он стал известным композитором. О своём обещании вернуть деньги он никогда не забывал. И вот однажды, когда он получил за работу много денег, композитор решил вернуть свой долг.

Он пошёл в центр Москвы и долго стоял недалеко от гостиницы «Москва». Он внимательно смотрел вокруг. Вдруг он увидел незнакомого юношу и понял, что это тот человек, которого он искал. Микаэл подошёл к нему и спросил:

– Скажите, пожалуйста, вы студент?

– Студент, – ответил молодой человек.

– Знаете, я хочу дать вам, а лучше сказать, подарить деньги.

– Как? Почему? – удивился юноша.

И Микаэл Таривердиев повторил ему историю, с которой вы только что познакомились.

11. Сформулируйте основную идею текста.

12. Выразите своё отношение к данной идее.

Инструкция к выполнению задания 4
(позиция 13)

- Время выполнения задания – до 20 минут (10 минут – подготовка, до 10 минут – ответ).

- Вы должны подготовить сообщение на предложенную тему.

- Вы можете составить план сообщения, но не должны читать своё сообщение.

Задание 4 (позиция 13). Вы студент российского университета. Корреспондент газеты «Дружба» решил взять у вас интервью для газеты. Расскажите ему о себе, о своей семье и об учёбе в университете.

- В вашем рассказе должно быть не менее 20 фраз.

2부 정답

Контрольные матрицы

ЛЕКСИКА. ГРАММАТИКА

어휘, 문법 영역 정답

МАКСИМАЛЬНОЕ КОЛИЧЕСТВО БАЛЛОВ ЗА ТЕСТ – 165

ЧАСТЬ I				
1	А	**Б**	В	Г
2	А	Б	**В**	Г
3	А	**Б**	В	Г
4	А	Б	**В**	Г
5	А	**Б**	В	Г
6	А	Б	**В**	Г
7	**А**	Б	В	Г
8	**А**	Б	В	Г
9	А	Б	**В**	Г
10	**А**	Б	В	Г
11	А	Б	**В**	Г
12	А	**Б**	В	Г
13	А	**Б**	В	Г
14	А	**Б**	В	Г
15	**А**	Б	В	Г
16	А	**Б**	В	Г
17	А	**Б**	В	Г

18	**А**	Б	В	Г
19	**А**	Б	В	Г
20	**А**	Б	В	Г
21	А	**Б**	В	Г
22	**А**	Б	**В**	Г
23	**А**	**Б**	В	Г
24	А	**Б**	**В**	Г
25	**А**	Б	**В**	Г
ЧАСТЬ II				
26	А	Б	**В**	Г
27	А	Б	В	**Г**
28	А	Б	В	**Г**
29	А	**Б**	В	Г
30	**А**	Б	В	Г
31	А	Б	**В**	Г
32	**А**	Б	В	Г
33	А	**Б**	В	Г
34	А	Б	**В**	Г

#	А	Б	В	Г
35	**А**	Б	В	Г
36	А	**Б**	В	Г
37	А	Б	В	**Г**
38	А	Б	В	**Г**
39	А	**Б**	В	Г
40	А	Б	**В**	Г
41	А	**Б**	В	Г
42	А	**Б**	В	Г
43	А	Б	**В**	Г
44	А	Б	В	**Г**
45	А	**Б**	В	Г
46	А	Б	**В**	Г
47	А	Б	**В**	Г
48	**А**	Б	В	Г
49	А	Б	**В**	Г
50	А	**Б**	В	Г
51	А	Б	В	**Г**
52	А	Б	**В**	Г
53	**А**	Б	В	Г
54	А	Б	В	**Г**
55	**А**	Б	В	Г
56	А	Б	**В**	Г
57	А	Б	**В**	Г
58	А	**Б**	В	Г

#	А	Б	В	Г
59	**А**	Б	В	Г
60	А	Б	**В**	Г
61	А	Б	В	**Г**
62	А	Б	**В**	Г
63	**А**	Б	В	Г
64	А	**Б**	В	Г
65	А	Б	**В**	Г
66	А	**Б**	В	Г
67	А	Б	**В**	Г
68	А	Б	В	**Г**
69	А	**Б**	В	Г
70	**А**	Б	В	Г
71	А	**Б**	В	Г
72	А	**Б**	В	Г
73	А	**Б**	В	Г
74	А	Б	В	**Г**
75	А	Б	**В**	Г
76	А	**Б**	В	Г
77	А	Б	В	**Г**

ЧАСТЬ III

#	А	Б	В	Г
78	А	**Б**	В	Г
79	А	Б	**В**	Г
80	А	**Б**	В	Г
81	А	**Б**	В	Г

82	А	**Б**	В	Г
83	**А**	Б	В	Г
84	А	Б	**В**	Г
85	**А**	Б	В	Г
86	А	**Б**	В	Г
87	А	**Б**	В	Г
88	А	**Б**	В	Г
89	А	Б	**В**	Г
90	**А**	Б	В	Г
91	А	**Б**	В	Г
92	А	**Б**	В	Г
93	А	**Б**	В	Г
94	А	Б	**В**	Г
95	А	Б	**В**	Г
96	А	**Б**	В	Г
97	**А**	Б	В	Г
98	**А**	Б	В	Г
99	А	**Б**	В	Г
100	**А**	Б	В	Г
101	**А**	Б	В	Г
102	А	**Б**	В	Г
103	**А**	Б	В	Г
104	А	**Б**	В	Г
105	**А**	Б	В	Г

106	**А**	Б	В	Г
107	А	**Б**	В	Г
108	**А**	Б	В	Г
109	А	**Б**	В	Г
110	**А**	Б	В	Г
111	А	**Б**	В	Г
112	**А**	Б	В	Г
113	А	**Б**	В	Г
114	**А**	Б	В	Г
115	А	**Б**	В	Г
116	А	Б	**В**	Г
117	А	Б	В	**Г**
118	А	**Б**	В	Г
119	А	**Б**	В	Г
120	А	Б	В	**Г**
121	**А**	Б	В	Г
122	А	Б	В	**Г**
123	**А**	Б	В	Г
124	А	Б	**В**	Г
125	А	Б	**В**	Г
126	А	**Б**	В	Г
127	**А**	Б	В	Г
128	А	**Б**	В	Г
129	А	Б	**В**	Г

ЧАСТЬ IV				
130	А	Б	**В**	Г
131	А	**Б**	В	Г
132	А	**Б**	В	Г
133	А	**Б**	В	Г
134	**А**	Б	В	Г
135	А	**Б**	В	Г
136	А	**Б**	В	Г
137	А	**Б**	В	Г
138	**А**	Б	В	Г
139	**А**	Б	В	Г
140	А	**Б**	В	Г
141	**А**	Б	В	Г
142	А	**Б**	В	Г
143	А	Б	**В**	Г
144	А	Б	**В**	Г
145	**А**	Б	В	Г
146	**А**	Б	В	Г
147	А	Б	**В**	Г
148	А	**Б**	В	Г
149	А	Б	**В**	Г
150	А	Б	**В**	Г
151	А	**Б**	В	Г
152	А	Б	**В**	Г

153	А	**Б**	В	Г
154	**А**	Б	В	Г
155	А	Б	**В**	Г
156	А	**Б**	В	Г
157	А	**Б**	В	Г
158	А	Б	**В**	Г
159	А	**Б**	В	Г
160	А	Б	**В**	Г
161	А	**Б**	В	Г
162	А	Б	**В**	Г
163	А	**Б**	В	Г
164	**А**	Б	В	Г
165	**А**	Б	В	Г

ЧТЕНИЕ

읽기 영역 정답

MAКСИМАЛЬНОЕ КОЛИЧЕСТВО БАЛЛОВ ЗА ТЕСТ – 140

1	А	**Б**	В
2	А	**Б**	В
3	А	Б	**В**
4	А	**Б**	В
5	А	**Б**	В
6	**А**	Б	В
7	А	Б	**В**
8	А	Б	**В**
9	А	**Б**	В
10	**А**	Б	В
11	А	Б	**В**
12	А	**Б**	В
13	А	Б	**В**
14	**А**	Б	В
15	А	Б	**В**
16	**А**	Б	В
17	А	**Б**	В
18	**А**	Б	В
19	А	Б	**В**
20	А	**Б**	В

АУДИРОВАНИЕ

듣기 영역 정답

МАКСИМАЛЬНОЕ КОЛИЧЕСТВО БАЛЛОВ ЗА ТЕСТ – 120

№	A	Б	В		№	A	Б	В
1	**А**	Б	В		16	**А**	Б	В
2	А	Б	**В**		17	А	**Б**	В
3	А	**Б**	В		18	А	Б	**В**
4	А	**Б**	В		19	А	Б	**В**
5	**А**	Б	В		20	А	Б	**В**
6	**А**	Б	В		21	А	Б	**В**
7	А	Б	**В**		22	А	Б	**В**
8	А	Б	**В**		23	**А**	Б	В
9	А	**Б**	В		24	А	Б	**В**
10	А	Б	**В**		25	А	**Б**	В
11	А	**Б**	В		26	А	**Б**	В
12	А	Б	**В**		27	**А**	Б	В
13	**А**	Б	В		28	А	Б	**В**
14	А	Б	**В**		29	А	Б	**В**
15	А	**Б**	В		30	**А**	Б	В

녹음 원문

Задания 1–5. **Прослушайте аудиотекст 1 – радиопередачу «Необычный студент». Постарайтесь понять, почему этого студента называют самым необычным. Выполните задания к аудиотексту.**

АУДИОТЕКСТ 1
НЕОБЫЧНЫЙ СТУДЕНТ

Несколько лет назад в Московском государственном техническом университете имени Н.Э. Баумана, куда поступить очень трудно, начал учиться необычный студент. Его звали Эрнесто Евгений Санчес Шайда, ему было 12 лет, и он ещё не окончил среднюю школу. Его приняли в университет без вступительных экзаменов.

Кто же он, этот гениальный ребёнок? И почему у него такое необычное имя: Эрнесто Евгений Санчес Шайда? Первое имя – имя отца-кубинца. Его мать Татьяна Шайда познакомилась со студентом-кубинцем на дискотеке. Молодой человек учился в Москве, в университете. Девушка и юноша полюбили друг друга и поженились. Второе имя – имя деда, отца его матери. С самого раннего детства Эрнесто Евгений рос необычным ребёнком. Он умел считать и писать, когда ему было только два с половиной года, а в четыре года он уже прекрасно играл в шахматы. В первом классе любимой книгой мальчика был трудный учебник по математике для учеников одиннадцатого класса, последнего класса школы.

Эрнесто начал учиться в первом классе, а через месяц он перешёл уже в пятый класс. В пятом классе ему тоже было скучно заниматься. Талантливый ученик самостоятельно прошёл всю школьную программу.

Конечно, отец и мать гордились своим сыном. Но они волновались, потому что у Эрнесто не было друзей. Ему было неинтересно общаться и играть с одноклассниками.

Однажды ребята из его класса пришли к нему домой в гости. Отец и мать были очень рады. Они приготовили кубинские и русские блюда для детей, а потом сами стали играть с ними. Дети смеялись, веселились, но вдруг родители увидели, что их сын сидит в углу комнаты и решает математические задачи!

Однако у маленького Эрнесто всё-таки есть друг, которому 38 лет! Он учёный и работает в американском университете в Бостоне. Эрнесто переписывается с ним через Интернет. Они обсуждают математические теоремы и формулы. Однажды этот американец спросил мальчика: «Ты что, хочешь получить Нобелевскую премию?» Но Эрнесто даже не понял его вопроса, потому что он ничего не знал о

Нобелевской премии. Эрнесто Евгению в это время было только 10 лет.

В Москве проходила олимпиада по математике. Родители привезли туда своего сына. Талантливых ребят тестировали известные российские учёные, и самых-самых способных приняли в университет без экзаменов. Среди них был и Эрнесто Евгений Санчес Шайда.

Задания 6–10. **Прослушайте аудиотекст 2 – фрагмент выступления ректора Российского университета дружбы народов. Постарайтесь понять тему выступления. Выполните задания к аудиотексту.**

АУДИОТЕКСТ 2

Дорогие первокурсники!

Разрешите поздравить вас со всероссийским праздником, Днём знаний, и рассказать вам о Российском университете дружбы народов, где вы будете учиться.

Нашему университету недавно исполнилось 50 лет. Он был основан 5 февраля 1960 года. Раньше наш университет назывался «Университет дружбы народов имени Патриса Лумумбы». В 1992 году решением правительства России наш университет был переименован в Российский университет дружбы народов.

Сейчас в нашем университете десять основных факультетов, семь институтов, более двадцати научно-образовательных центров и шесть филиалов в нескольких российских городах. Университет окончили более 60 тысяч специалистов, которые работают сейчас в 165 странах мира.

В нашем университете работает большой коллектив. Это сотрудники и преподаватели. Среди преподавателей – 16 академиков и членов-корреспондентов, 600 профессоров и докторов наук, свыше 1300 доцентов и кандидатов наук.

Российский университет дружбы народов – это интернациональный университет.

В университете успешно работает одна из лучших методических школ России по обучению иностранных граждан русскому языку и российских граждан иностранным языкам. Все иностранные космонавты, которые летали в космос вместе с российскими космонавтами, изучали русский язык в нашем университете.

Уже несколько лет наш международный классический университет в рейтинге Министерства образования и науки входит в первую пятёрку лучших университетов России. Один из наших основных плюсов – это возможность получить несколько дипломов: по специальности, которую вы выбрали, по одному, двум и даже трём иностранным языкам и по второму высшему образованию.

Кроме того, университет – это активная студенческая жизнь. Это не только учёба, контрольные работы, зачёты, тесты и экзамены, но и занятия в разных студиях, ансамблях, кружках нашего интерклуба. Студенты университета также активно занимаются спортом.

Ежегодно в университете учатся более 25 тысяч студентов, магистрантов и аспирантов из 140 стран мира.

Впереди у нас 2012–2013 учебный год, полный интересных событий, проектов и надежд. Желаю каждому успехов в освоении выбранной профессии. Используйте это важное время с пользой, будьте лучшими!

Удачи вам, успехов и здоровья!

Задания 11–15. **Прослушайте аудиотекст 3 – рекламу гостиницы. Постарайтесь понять информацию о гостинице. Выполните задания к аудиотексту.**

АУДИОТЕКСТ 3

Уважаемые радиослушатели! А сейчас послушайте рекламу!

Вы устали от городского шума, а до каникул или отпуска ещё далеко. Советуем вам отдохнуть в субботу и воскресенье в прекрасном месте недалеко от Москвы. Туда можно доехать на машине меньше чем за час. Красивая природа и тишина помогут забыть о проблемах. Если вы решите ехать на поезде, то вам нужно будет ехать туда полчаса.

Где же это прекрасное место? Совсем близко. Двадцать девять километров от Москвы. Красивый лес, река, пение птиц и чистый воздух. Гостиница «Атлас Парк-Отель» – прекрасное место для тех, кто хочет отдохнуть.

В трёх современных зданиях гостей ждут 188 удобных номеров. Здесь есть одноместные и двухместные номера, а также номера «люкс» и «комфорт». Каждый номер оформлен в особом, индивидуальном стиле и имеет своё название. Например, номера «Греческий» или «Африка» оформлены в греческом и африканском стилях. В номере, который называется «Любовь», обычно останавливаются влюблённые.

В гостинице есть всё, что нужно гостю: кондиционеры, мини-бары, выход в Интернет, косметические салоны, спортивный зал, сауны, бассейн и многое другое, что необходимо для хорошего отдыха.

На территории отеля находится пять баров на любой вкус. В одном можно пить кофе, в другом – петь и танцевать, в третьем – играть в боулинг.

В гостинице можно не только отдохнуть, но и поработать. Для деловых людей есть современный бизнес-центр, несколько больших конференц-залов, комнаты для переговоров и залы для проведения праздничных обедов и ужинов.

Адрес «Атлас Парк-Отеля»: Московская область, Домодедовский район, деревня Судаково.

Задания 16–20. **Прослушайте аудиотекст 4 – разговор девочки Маши с родителями. Постарайтесь понять, что они обсуждали и о чём договорились. Выполните задания к аудиотексту.**

АУДИОТЕКСТ 4
(диалог)

– Дорогие родители! Вы не забыли, что завтра у меня день рождения и мне будет семь лет?

– Нет, Маша, не забыли. Приглашай своих друзей, будет праздничный обед.

– Праздничный обед – это хорошо, спасибо. А подарок вы мне уже купили? В прошлом году тоже был праздничный обед.

– Да, был праздничный обед, но мы ещё ездили в цирк и ходили в зоопарк, если ты помнишь.

– Да, помню. Спасибо. Но скажите, в этом году вы купили мне подарок?

– Нет, подарок мы тебе ещё не купили.

– Это хорошо, что вы не купили подарок, потому что сначала надо спросить меня, какой подарок я хочу.

– И что же ты хочешь, дочка?

– Я хочу мобильный телефон. Мне скоро 7 лет, а у меня ещё нет мобильного телефона.

– Маша, ты помнишь, что в прошлом году мы подарили тебе на день рождения фотоаппарат и велосипед. Это очень дорогие вещи, и ты сказала, что это твои будущие подарки, за твои шесть и семь лет. Значит, в этом году мы не должны тебе ничего дарить. Разве мы неправильно тебя поняли?

– Нет, вы поняли меня правильно, но мне очень нужен телефон. Телефон тоже будет будущим подарком, за мои восемь и девять лет. В следующем году и через год вы мне ничего не будете дарить. Вы согласны?

– Хорошо. Мы согласны. Но тогда в этом году мы поздравим тебя не с семилетием, а с девятилетием.

Задания 21–25. **Прослушайте аудиотекст 5 – разговор на улице. Постарайтесь понять, с кем и о чём говорил Диего. Выполните задания к аудиотексту.**

АУДИОТЕКСТ 5
(диалог)

Полицейский: Здравствуйте! Капитан полиции Петров. Ваши документы, пожалуйста. Вы иностранец?

Диего: Да, меня зовут Диего, я приехал из Бразилии.

Полицейский: Так, хорошо. Ваши документы в порядке. А с какой целью вы приехали в Москву?

Диего: Я хочу учиться в университете. Раньше я хотел быть историком или филологом. Но сейчас я понял, что самая интересная профессия – это журналистика, поэтому я хочу стать журналистом.

Полицейский: Вы уже неплохо говорите по-русски. Сколько времени вы изучаете русский язык?

Диего: Русский язык я изучаю уже полгода на подготовительном факультете. Я много разговариваю с русскими студентами и у нас хорошие преподаватели.

Полицейский: Вы изучаете только русский язык?

Диего: Нет, ещё историю, литературу и журналистику.

Полицейский: А раньше вы уже были в России?

Диего: Нет, я здесь первый раз. Скажите, а где находится Исторический музей?

Полицейский: Это недалеко. Идите прямо, а потом направо. Только сегодня этот музей закрыт. Вы можете пойти на экскурсию в Кремль.

Диего: Я уже был там. Тогда я пойду в музей завтра. Спасибо. До свидания!

Полицейский: Всего хорошего!

Задания 26–30. Прослушайте аудиотекст 6 – разговор Антона и Дениса. Постарайтесь понять, кого и куда пригласила Даша. Выполните задания к аудиотексту.

АУДИОТЕКСТ 6
(диалог)

Денис: Антон, привет! Ты знаешь, что Даша переехала в новую квартиру и пригласила меня в гости?

Антон: Денис, это будет в субботу?

Денис: Да, правильно, в субботу. А откуда ты знаешь?

Антон: Вчера на улице я встретил Дашу, и она тоже пригласила меня в гости в субботу.

Денис: Вот и отлично! Антон, давай поедем вместе.

Антон: Согласен. Но нужно сейчас решить, что ей подарить для её новой квартиры. Мы же идём не просто в гости, а на новоселье. Я предлагаю принести ей торт и шампанское.

Денис: Хорошо. А ещё нужно купить Даше цветы. Ты не знаешь, какие цветы она любит?

Антон: Точно не знаю, Денис. Давай купим розы. Их любят все.

Денис: Ты прав. Но какой же ещё купить ей подарок? Ведь мы идём на новоселье, а не на день рождения.

Антон: Может быть, какие-нибудь красивые чашки или вазу?

Денис: Антон, вчера я был в супермаркете и видел там красивый и не очень дорогой электрический чайник.

Антон: Хорошая идея! Это то, что нужно! Тогда договоримся так: за чайник мы заплатим вместе, торт и шампанское купишь ты, Денис, а я принесу розы и конфеты.

Денис: Договорились.

ПИСЬМО
쓰기 영역 예시 답안

На каждый вопрос предлагается исчерпывающий ответ. За тестирующим остаётся право выбрать фразы, наиболее соответствующие, по его мнению, содержанию вопроса.

Задание 1. **Вас интересуют две проблемы: защита природы и сохранение культуры. Прочитайте текст и изложите письменно свою точку зрения по следующим вопросам:**

Первый вариант ответа

1. В какой обстановке живёт современный человек?

Современный человек живёт в сложной обстановке. Загрязнённая окружающая среда угрожает жизни людей. Люди стали часто болеть. Загрязнение окружающей среды опасно также животному и растительному миру.

2. На какие разделы делится экология?

Экология делится на экологию биологическую и экологию культурную. Между ними нет границы, потому что существует тесная связь между природой и культурой. Природа нужна людям для биологической жизни, а культура – для нравственной, духовной жизни. Для существования человечества важно не нарушать законы биологической и культурной экологии.

3. Что значит понятие «культурная среда»?

Культурная среда – это очень широкое понятие. Это место, где человек родился и живёт (дом, город, страна). Конечно, это музеи, театры, памятники старины и архитектуры, произведения великих поэтов, писателей, музыкантов, художников и философов. Основные ценности человеческого общества тоже относятся к культурной среде. Например, большинство людей считает, что главное в их жизни – быть честными, трудолюбивыми, иметь хорошую семью и помогать старым, бедным и больным людям.

4. Как воспитать бережное отношение к культурной среде?

Культурная среда делает человека человеком. Она постоянно воспитывает его. Очень важно с детских лет воспитывать у детей любовь к родной стране, к родной культуре и к родному языку, потому что человек должен любить свою семью, свой дом, свою страну. Человек должен знать и уважать историю своей страны, её прошлое и настоящее. Он должен уважать людей другой национальности, их религию, традиции, культуру. Посещение музеев и театров, слушание музыки, знакомство с памятниками культуры и старины, знакомство с различными религиями – всё это духовно обогащает и воспитывает людей.

5. Объясните, почему, с вашей точки зрения, защита и сохранение культурной среды являются важнейшими задачами экологии культуры?

Культурная среда необходима каждому человеку для его духовного и нравственного развития, потому что культурная среда делает человека человеком. Важно сохранять культурное наследие человечества во всём мире, потому что это обогащает людей духовно. Необходимо сохранять и реставрировать многочисленные памятники культуры во всём мире. Важно изучать великие и прекрасные произведения прошлого: читать литературу, слушать музыку, смотреть картины больших художников, которые, безусловно, влияют на жизнь каждого человека, воспитывают его, учат уважению к своим предкам, любви к родной стране, её истории и культуре своего народа. Вот почему я считаю, что защита и сохранение культурной среды являются важнейшими задачами экологии культуры.

Второй вариант ответа

1. В какой обстановке живёт современный человек?

Нашу планету нужно спасать от загрязнения окружающей среды. Здоровью людей угрожает плохая экологическая обстановка. Люди часто болеют. В опасности жизнь растительного и животного мира.

2. На какие разделы делится экология?

Существует два раздела экологии: экология биологическая и экология культурная. Между ними нет точной границы. Сохраняя природную биологическую среду, человек сохраняет окружающую его природу, которая находится в опасности из-за постоянного загрязнения. Учёные считают, что для человечества важно не только сохранение природной биологической среды, но и его духовное, нравственное воспитание с помощью культурной экологии.

3. Что значит понятие «культурная среда»?

Культурная среда – жизненно важное понятие для современного человека, поэтому необходимо её сохранять. Это и дом, где человек родился и вырос, и город, в котором он живёт. Это и культурные памятники прошлого, и музеи, которые посещает современный человек. Это и многочисленные прекрасные произведения искусства прошлого, созданные великими поэтами, писателями, художниками, философами и религиозными деятелями.

4. Как воспитать бережное отношение к культурной среде?

Система воспитания на современном этапе – это не только образование людей, но и их духовная, нравственная жизнь. Поэтому уже с ранних лет важно воспитывать бережное отношение к культурной среде, в которой растёт и развивается ребёнок. Современный человек должен хорошо знать историю своей страны и своего народа, изучать прекрасные произведения великих писателей, музыкантов, художников, с уважением относиться к своим предкам и любить свою родину.

5. Объясните, почему, с вашей точки зрения, защита и сохранение культурной среды являются важнейшими задачами экологии культуры?

С моей точки зрения, каждый человек должен думать о защите и сохранении культурной среды, потому что именно культурная среда делает человека человеком. Культурное наследие прошлого обогащает жизнь людей. Культурная среда должна быть сохранена для следующих поколений, так как она воспитывает и учит современных людей уважению к своим предкам, любви к родной стране, родной истории и культуре. Я думаю, что каждый человек в любой стране должен не только думать о защите культурной среды, но и что-то делать для этого, например выступать с сообщениями на различных конференциях, посвящённых проблемам нравственной экологии. Родители, бабушки и дедушки должны уже в детстве рассказывать своим детям и внукам об историческом прошлом своей родины, читать им произведения великих писателей и поэтов, водить их в музеи, театры.

Задание 2. **Вы недавно приехали в Москву, чтобы учиться в российском университете. Напишите письмо своим родителям, расскажите в нём о своей жизни и учёбе в Москве.**

Первый вариант ответа

Дорогие мама и папа! Две недели назад я прилетел в Москву. Долетел нормально. В аэропорту меня встретили мои друзья, которые уже окончили подготовительный факультет университета и учатся сейчас на первом курсе. Три дня назад у меня начались занятия по русскому языку. Я уже познакомился со студентами, с которыми буду учиться в одной группе. Они приехали из разных стран: две студентки из Китая, два студента из Афганистана и четыре студента из Нигерии. Мне кажется, что у нас хорошая преподавательница русского языка. В деканате нам сказали, что мы будем заниматься русским языком каждый день по шесть часов и у нас будет только один выходной – воскресенье. В здании университета есть небольшое уютное кафе. Обычно студенты обедают там днём, после того как закончатся лекции.

Я живу в общежитии с одним студентом, который приехал из Индии. Он учится в нашем университете на медицинском факультете, на втором курсе. Он уже хорошо говорит по-русски, поэтому помогает мне делать домашнее задание. Надеюсь, что через год я буду говорить по-русски так же хорошо, как мой сосед.

В Москве сейчас осень. На улице очень тепло и красиво. В свободное время я часто гуляю по Москве. Уже несколько раз ездил в центр, видел Красную площадь и Кремль. Как дела у вас? Желаю вам здоровья! Жду ответа.

Ваш сын

Второй вариант ответа

Дорогие родители, здравствуйте! Неделю назад я прилетела в Москву и уже начала учиться в университете. Я поступила, как и хотела, в магистратуру на филологический факультет.

Группа у нас небольшая, только шесть студентов-магистрантов. Они все приехали из разных стран: из Китая, из Южной Кореи, из Анголы и из Бразилии. Все студенты неплохо говорят по-русски, потому что они изучали русский язык у себя на родине. Ещё в нашей группе есть русская студентка. Она окончила бакалавриат Российского университета дружбы народов и поступила в магистратуру университета.

Мы ходим на лекции, у нас есть практические занятия по русскому языку, а также семинары. Мне нравятся наши преподаватели, так как они очень опытные и хорошо знают свой предмет.

Я живу в общежитии. Моя соседка русская. Это очень хорошо, потому что в комнате мы говорим только по-русски. В свободное время я хожу в библиотеку, читаю русские книги, гуляю, а по вечерам смотрю телевизор.

В Москве уже не жарко, иногда идёт дождь, но ещё не холодно. Конечно, я скучаю. Желаю вам, мои родители, здоровья, успехов во всём! Передайте привет бабушке и дедушке, а также моим друзьям! Целую вас.

Ваша дочь

ГОВОРЕНИЕ

말하기 영역 예시 답안

Задание 1 (позиции 1–5). **Примите участие в диалогах. Ответьте на реплики собеседника.**

1.

Первый вариант ответа

– Настя, вы ходили в магазин. Что вы купили в магазине?
– Я купила овощи и фрукты.
– Какие фрукты?
– Груши, персики и один ананас.
– Ананас дорогой?
– Да, дорогой, 200 рублей.
– Вы уже попробовали ананас? Он сладкий?
– Да, очень сладкий и вкусный.

Второй вариант ответа

– Настя, вы ходили в магазин. Что вы купили в магазине?
– Я купила мясо и рыбу.
– Какую рыбу, морскую или речную, вы купили?
– Я купила морскую рыбу.
– Дорогая рыба?
– Да. 250 рублей за килограмм.

2.

Первый вариант ответа

– Аня, скоро воскресенье. Что ты будешь делать в воскресенье?
– Если будет хорошая погода, то я поеду на дачу.
– А где находится дача?
– Не очень далеко.
– Сколько километров от Москвы?

– 30 километров.

– Да, для Москвы это недалеко.

Второй вариант ответа

– Аня, скоро воскресенье. Что ты будешь делать в воскресенье?

– В воскресенье я хочу пойти поплавать в бассейн.

– Ты хорошо плаваешь?

– Да, неплохо.

– А где ты научилась плавать?

– В детстве я жила в городе, который находился на берегу моря. Летом каждый день мы с друзьями плавали в море.

3.

Первый вариант ответа

– Сегодня вы очень весёлый. Скажите почему?

– Да, сегодня у меня прекрасное настроение, потому что вчера из Сеула в Москву прилетел мой лучший друг.

– Зачем он прилетел в Москву?

– Он будет учиться на курсах русского языка.

– Сколько времени он будет учиться на курсах?

– Думаю, что полгода или немного больше.

Второй вариант ответа

– Сегодня вы очень весёлый. Скажите почему?

– Вы правы, у меня хорошее настроение, потому что началась весна. Весна – моё самое любимое время года. А какое время года любите вы?

– Мне нравится зима.

– Зима! Но зимой так холодно! Почему вы любите зиму?

– Зимой очень красиво, особенно в лесу.

4.

Первый вариант ответа

– Настя, я не знаю, какой сувенир привезти другу из Москвы. Посоветуй мне, пожа-

луйста.
– Порам (보람), из Москвы можно привезти много разных сувениров. Например, альбомы картин известных русских художников. Можно подарить диски с русскими народными песнями. Если твой друг любит смотреть русские фильмы, то подари ему диски с видеофильмами.
– Спасибо, Настя. Я так и сделаю.

Второй вариант ответа

– Настя, я не знаю, какой сувенир привезти подруге из Москвы. Посоветуй мне, пожалуйста.
– Мария, ваша подруга знает русский язык?
– Да, знает немного.
– Я советую купить ей детские книжки с рисунками. Читать их нетрудно, но очень полезно. Ещё можно купить настоящий русский сувенир – матрёшку или самовар.
– А где обычно покупают сувениры?
– Очень хорошие сувениры есть на улице Старый Арбат.
– Спасибо за совет!
– Пожалуйста!

5.

Первый вариант ответа

– Девушка, вы не скажете, где находится аптека?
– Аптека находится рядом с почтой.
– Извините, но я иностранец и не знаю, где почта.
– Почта находится недалеко от станции метро «Университет». До этой станции метро вы можете доехать на автобусе №35 или дойти пешком минут за 15.
– Спасибо.
– Не стоит.

Второй вариант ответа

– Девушка, вы не скажете, где находится аптека?
– Аптека находится недалеко отсюда, но уже поздно, аптека закрыта.
– Что же мне делать?
– Советую вам поехать в центр.

– Но я иностранец и не знаю, как туда добраться.
– Вам нужно проехать одну станцию на метро или три остановки на автобусе.
– Благодарю вас.
– Пожалуйста.

Задание 2 (позиции 6–10). **Познакомьтесь с описанием ситуации. Начните диалог.**

6. У вашей бабушки скоро день рождения. Она пригласила гостей. Вы хотите помочь ей. Спросите бабушку, что нужно купить на рынке. Она будет готовить стол на 10 человек.

Первый вариант ответа

– Доброе утро, бабушка!
– Доброе утро, внучка!
– Бабушка, завтра твой день рождения, и ты пригласила много гостей. Я хочу помочь тебе купить продукты на рынке.
– Большое тебе спасибо.
– А что нужно купить?
– Купи, пожалуйста, 1 килограмм мяса, овощи, фрукты и, конечно, торт к чаю.
– Хорошо.

Второй вариант ответа

– Бабушка, скоро твой день рождения, и ты пригласила много гостей. Как я могу помочь тебе?
– Пожалуйста, сходи в магазин и купи сыр, колбасу, фрукты, овощи, конфеты и торт.
– Ты не хочешь приготовить рыбу? Я так её люблю. Давай я куплю рыбу.
– Рыбу я уже приготовила.

7. Ваш брат (ваша сестра) лежит в больнице. Позвоните туда и спросите о его (её) здоровье.

Первый вариант ответа

– Доброе утро, девушка. Могу я узнать, как себя чувствует мой брат после операции?
– Как его зовут?

– Петров Сергей Михайлович. Он лежит в палате № 15.

– Состояние удовлетворительное. Температура 37,2 °C (37 и 2).

– Большое спасибо!

Второй вариант ответа

– Алло, это больница?

– Да. Я вас слушаю.

– Вчера мою сестру привезли к вам в больницу. У неё очень сильно болел живот и была высокая температура. Скажите, пожалуйста, как она чувствует себя сегодня?

– Её имя и фамилия?

– Елена Сорокина.

– У вашей сестры аппендицит. Сегодня днём хирург будет делать ей операцию.

– А когда я могу навестить её?

– Вы можете прийти сегодня вечером, с 4 до 6.

– Хорошо, спасибо!

8. Вы в незнакомом городе, в аэропорту. Вам нужно поменять деньги. Спросите у полицейского, где находится банк.

Первый вариант ответа

– Здравствуйте, господин полицейский. Я только что прилетела из Парижа, и мне нужно срочно поменять деньги. Скажите, пожалуйста, где находится банк?

– В зале прилёта есть обменный пункт.

– А где он?

– Идите прямо, потом направо, и вы увидите обменный пункт.

– Большое спасибо.

Второй вариант ответа

– Извините, скажите, пожалуйста, где находится банк?

– К сожалению, уже поздно и банк не работает.

– А где я могу поменять деньги? Может быть, здесь есть обменный пункт, который работает круглосуточно?

– Да, вот там супермаркет, там есть обменный пункт.

– Большое спасибо!

– Не стоит.

9. Вы приехали в Москву изучать русский язык. Ваша новая преподавательница говорит по-английски. Спросите её, где и сколько времени она изучала английский язык.

Первый вариант ответа

– Мария Петровна, как хорошо вы говорите по-английски! Где вы изучали английский язык?

– В университете.

– А в каком университете вы учились?

– В МГУ.

– А сколько лет вы изучали английский язык?

– Пять лет.

Второй вариант ответа

– Екатерина Андреевна, я слышал, что вы знаете английский язык.

– Да, знаю немного.

– Вы изучали английский язык в России или в Англии?

– Я изучала английский язык в университете в Москве, а потом была на практике в Лондоне.

– Сколько времени вы жили в Лондоне?

– Почти год.

– О-о-о! Я думаю, что вы хорошо знаете английский язык.

10. Вы хотите купить два билета в кино. Спросите у кассира в кинотеатре, когда начинается фильм, сколько стоят билеты.

Первый вариант ответа

– Здравствуйте, девушка! Мне нужно два билета на фильм «Титаник». Скажите, пожалуйста, когда начинается фильм?

– Фильм начинается через 15 минут. Вам какие места?

– Мне нужен седьмой ряд, середина. А сколько стоит билет?

– Один билет стоит 300 рублей.

– Вот деньги. Дайте мне, пожалуйста, два билета.

– Пожалуйста!

Второй вариант ответа

– Добрый день. Скажите, пожалуйста, у вас есть билеты на фильм «Первая любовь» на 9 часов вечера?

– К сожалению, на этот сеанс билетов нет.

– А можно взять билеты на завтра на это время?

– Да, пожалуйста.

– Сколько стоит билет?

– 250 рублей.

– Дайте, пожалуйста, два билета на десятый ряд, места в центре.

– Возьмите, пожалуйста.

Задание 3 (позиции 11, 12). **Прочитайте рассказ об одном случае из жизни известного композитора Микаэла Таривердиева. Кратко передайте его содержание.**

Первый вариант ответа

Из текста я узнал(а) одну историю из жизни известного композитора Микаэла Таривердиева. Он был студентом и жил очень бедно. Микаэл очень любил музыку, поэтому он поступил в консерваторию. Юноша жил в общежитии и почти все свои деньги тратил на нотную бумагу и на еду. Особенно трудно было зимой, потому что у молодого человека не было тёплой одежды. На улице было очень холодно, а консерватория, в которой учился Микаэл, находилась в центре Москвы, далеко от общежития. Каждый день ему нужно было сначала ехать на занятия на метро, а потом очень быстро идти пешком в консерваторию, потому что на улице было очень холодно. По дороге Микаэл заходил в магазин для того, чтобы побыть несколько минут в тепле.

Однажды зимой, когда Микаэл был в магазине, к нему подошёл незнакомый мужчина и сказал, что хочет подарить ему тысячу рублей. Микаэль очень удивился и спросил, знакомы ли они. Незнакомец ответил, что он уже несколько раз видел Микаэла в этом магазине и уже понял, что он студент и что ему трудно жить. Мужчина рассказал Микаэлу интересную историю. Когда он сам был бедным студентом, один незнакомый человек подарил ему тысячу рублей, которые очень помогли ему. Незнакомец сказал Микаэлу, что он даёт ему деньги только при одном условии: когда он станет богатым человеком, он обязательно должен будет подарить тысячу рублей какому-нибудь бедному студенту.

Микаэл поблагодарил незнакомого мужчину, взял деньги и пошёл в магазин. Там он купил себе тёплую одежду, которая была ему очень нужна.

Через десять лет Микаэл Таривердиев стал известным композитором. И вот однажды, когда он получил много денег, он пошёл в центр Москвы. Там он долго и внимательно смотрел вокруг. Вдруг он увидел одного молодого человека и понял, что он бедный студент, которому нужны деньги. Микаэл подошёл к нему и сказал, что хочет подарить ему деньги. Молодой человек очень удивился и спросил Микаэла, почему он хочет сделать это. И Микаэл Таривердиев рассказал ему историю, которую много лет назад услышал от незнакомца.

Второй вариант ответа

В тексте рассказывается об одном случае из жизни известного русского композитора Микаэла Таривердиева.

После Великой Отечественной войны он жил в Москве. Жизнь была очень трудной. Микаэл поступил в консерваторию, потому что он очень любил музыку. Особенно ему нравилось сочинять музыку. Во время учёбы он жил в общежитии. Вместе с ним в комнате жили ещё семь студентов.

Микаэл получал очень маленькую стипендию и тратил почти все свои деньги на еду и нотную бумагу. Тёплой одежды у него не было, поэтому особенно трудно ему было зимой. Консерватория находилась далеко от общежития, поэтому каждый день молодому человеку нужно было сначала ехать на метро, а потом идти пешком. Зимой нужно было идти пешком очень быстро, потому что было холодно. Часто по дороге Микаэл заходил в магазин или в кафе, чтобы погреться.

Однажды зимой Микаэл встретил в магазине одного мужчину. Мужчина подошёл к нему и начал разговор. Когда незнакомец узнал, что Микаэл – студент, он сказал, что хочет подарить ему деньги. Микаэл очень удивился и спросил мужчину, почему он хочет сделать это, ведь они не знают друг друга. Тогда незнакомец рассказал ему свою историю: когда он был бедным студентом, один добрый незнакомый человек дал ему тысячу рублей, которая очень помогла ему. Незнакомец никогда не забывал об этом и поэтому сейчас, когда у него появились деньги, он тоже решил подарить их бедному студенту. Мужчина дал Микаэлу деньги, но попросил его, когда у него будут свои деньги, подарить их бедному студенту. Микаэл пообещал мужчине сделать это и взял деньги. На эти деньги он купил себе тёплую одежду.

Через десять лет Микаэл стал известным композитором. У него были деньги. И вот однажды он решил вернуть свой долг. Он пошёл в центр и увидел там одного бедного студента. Он подошёл к нему и сказал, что хочет подарить ему деньги. Молодой человек очень удивился и спросил Микаэла, почему он хочет сделать это, ведь они не знают друг друга. И Микаэл Таривердиев повторил ему историю, которая произошла с ним десять лет назад.

11. Сформулируйте основную идею текста.

Первый вариант ответа

Мне кажется, основная идея текста – помощь людей друг другу. Мы все должны помогать друг другу. Старшие должны помогать младшим, богатые – бедным.

Второй вариант ответа

Я считаю, что основная идея текста заключается в том, что нужно не забывать о своих обещаниях и обязательно выполнять их.

12. Выразите своё отношение к данной идее.

Первый вариант ответа

Я считаю, что очень важно помогать друг другу. Микаэл был бедным студентом, которому нужна была помощь. И он встретил человека, который помог ему. Микаэл не забыл о своём обещании, и, когда он стал богатым человеком, он тоже помог бедному студенту. Надеюсь, что студент, которому помог Микаэл, в будущем поможет другому бедному студенту и так далее. Люди должны делать добро и помогать друг другу.

Второй вариант ответа

Мне кажется, что Микаэл – хороший человек, потому что он не забыл о своём обещании. Когда у него появились деньги, он решил вернуть свой долг и подарил деньги другому бедному студенту. Надеюсь, что этот студент тоже не забудет о своём обещании, и, когда у него появятся деньги, он тоже подарит их бедному студенту.

Задание 4 (позиция 13). Вы студент российского университета. Корреспондент газеты «Дружба» решил взять у вас интервью для газеты. Расскажите ему о себе, о своей семье и об учёбе в университете.

Первый вариант ответа

Я хочу рассказать о себе и о своей семье. Меня зовут Жан. Мне 22 года. Я приехал из Франции. Там я жил в Париже вместе с родителями. Париж, как вы знаете, столица Франции. Мои родители работают. Отец – программист, он работает в одной большой французской фирме. Мой папа окончил университет, факультет информатики и программирования. Моя мама работает детским врачом в поликлинике. Она окончила медицинский факультет университета.

Когда я учился в средней школе, я очень любил математику. С раннего детства я увлекался компьютерными играми. Конечно, я с удовольствием занимался и другими предметами, например физикой и химией. Ещё я любил итальянский язык. Как и все французы, я много занимался спортом, но особенно любил играть в шахматы. Вечерами я играл в шахматы с отцом, а днём – на компьютере. Я закончил школу хорошо, потому что всегда занимался очень серьёзно. После школы я поступил в университет. Там я начал изучать русский язык, потому что понимал, что постоянно расширяются экономические, политические и культурные связи между Европой и Россией. Я закончил в Париже три курса факультета информатики и программирования и решил поехать на один год в Россию, в Москву, в Российский университет дружбы народов, для того чтобы лучше выучить русский язык.

Сейчас я начал заниматься русским языком на факультете русского языка в Российском университете дружбы народов. У нас интернациональная группа, и я хочу познакомиться со всеми студентами нашей группы. Кажется, я всё рассказал.

Второй вариант ответа

Я приехала из Китая. Мне 24 года. Меня зовут Сун Хи. Я родилась в большом городе на берегу моря. Этот город называется Вэйхай. Вэйхай – большой курортный город на берегу Жёлтого моря.

Мой отец – моряк. Он плавает на корабле и ловит рыбу. Поэтому он часто не бывает дома. Мама и мы, дети, очень скучаем, когда отца нет дома.

Моя мама – домохозяйка. Она много занимается домашним хозяйством и воспитанием дочери. Она воспитывает мою младшую сестру, которая ещё учится в школе.

В этом году я окончила университет. Я училась на филологическом факультете: изучала русский язык и русскую литературу. Мне очень нравятся произведения известного русского писателя Антона Павловича Чехова. Он писал маленькие, но интересные рассказы. Я люблю читать также его пьесы для театра. И я очень хочу посмотреть чеховские спектакли в московских театрах. Думаю, что здесь, в Москве, я смогу продолжить заниматься музыкой. Я уже много лет играю на гитаре, и я привезла гитару с собой. Вообще я очень люблю музыку и очень хочу ходить здесь, в Москве, на концерты в консерваторию. Я слышала ещё дома, что в Московской консерватории выступают известные музыканты.

После окончания филологического факультета мои родители посоветовали мне поехать в Москву на один год, чтобы получить хорошую языковую практику. Я согласилась и приехала на стажировку в Москву на один год в Московский государственный университет.

Вот мы и познакомились.

답안지

Рабочие матрицы

ЛЕКСИКА. ГРАММАТИКА

МАКСИМАЛЬНОЕ КОЛИЧЕСТВО БАЛЛОВ ЗА ТЕСТ – 165

Имя, фамилия_____ **Страна**_____ **Дата**_____

ЧАСТЬ I			
1	А	Б	В	Г
2	А	Б	В	Г
3	А	Б	В	Г
4	А	Б	В	Г
5	А	Б	В	Г
6	А	Б	В	Г
7	А	Б	В	Г
8	А	Б	В	Г
9	А	Б	В	Г
10	А	Б	В	Г
11	А	Б	В	Г
12	А	Б	В	Г
13	А	Б	В	Г
14	А	Б	В	Г
15	А	Б	В	Г
16	А	Б	В	Г
17	А	Б	В	Г
18	А	Б	В	Г
19	А	Б	В	Г
20	А	Б	В	Г
21	А	Б	В	Г
22	А	Б	В	Г
23	А	Б	В	Г
24	А	Б	В	Г
25	А	Б	В	Г

ЧАСТЬ II			
26	А	Б	В	Г
27	А	Б	В	Г
28	А	Б	В	Г
29	А	Б	В	Г
30	А	Б	В	Г
31	А	Б	В	Г
32	А	Б	В	Г
33	А	Б	В	Г
34	А	Б	В	Г

35	А	Б	В	Г
36	А	Б	В	Г
37	А	Б	В	Г
38	А	Б	В	Г
39	А	Б	В	Г
40	А	Б	В	Г
41	А	Б	В	Г
42	А	Б	В	Г
43	А	Б	В	Г
44	А	Б	В	Г
45	А	Б	В	Г
46	А	Б	В	Г
47	А	Б	В	Г
48	А	Б	В	Г
49	А	Б	В	Г
50	А	Б	В	Г
51	А	Б	В	Г
52	А	Б	В	Г
53	А	Б	В	Г
54	А	Б	В	Г
55	А	Б	В	Г
56	А	Б	В	Г
57	А	Б	В	Г
58	А	Б	В	Г

59	А	Б	В	Г
60	А	Б	В	Г
61	А	Б	В	Г
62	А	Б	В	Г
63	А	Б	В	Г
64	А	Б	В	Г
65	А	Б	В	Г
66	А	Б	В	Г
67	А	Б	В	Г
68	А	Б	В	Г
69	А	Б	В	Г
70	А	Б	В	Г
71	А	Б	В	Г
72	А	Б	В	Г
73	А	Б	В	Г
74	А	Б	В	Г
75	А	Б	В	Г
76	А	Б	В	Г
77	А	Б	В	Г
ЧАСТЬ III				
78	А	Б	В	Г
79	А	Б	В	Г
80	А	Б	В	Г
81	А	Б	В	Г

82	А	Б	В	Г
83	А	Б	В	Г
84	А	Б	В	Г
85	А	Б	В	Г
86	А	Б	В	Г
87	А	Б	В	Г
88	А	Б	В	Г
89	А	Б	В	Г
90	А	Б	В	Г
91	А	Б	В	Г
92	А	Б	В	Г
93	А	Б	В	Г
94	А	Б	В	Г
95	А	Б	В	Г
96	А	Б	В	Г
97	А	Б	В	Г
98	А	Б	В	Г
99	А	Б	В	Г
100	А	Б	В	Г
101	А	Б	В	Г
102	А	Б	В	Г
103	А	Б	В	Г
104	А	Б	В	Г
105	А	Б	В	Г

106	А	Б	В	Г
107	А	Б	В	Г
108	А	Б	В	Г
109	А	Б	В	Г
110	А	Б	В	Г
111	А	Б	В	Г
112	А	Б	В	Г
113	А	Б	В	Г
114	А	Б	В	Г
115	А	Б	В	Г
116	А	Б	В	Г
117	А	Б	В	Г
118	А	Б	В	Г
119	А	Б	В	Г
120	А	Б	В	Г
121	А	Б	В	Г
122	А	Б	В	Г
123	А	Б	В	Г
124	А	Б	В	Г
125	А	Б	В	Г
126	А	Б	В	Г
127	А	Б	В	Г
128	А	Б	В	Г
129	А	Б	В	Г

ЧАСТЬ IV				
130	А	Б	В	Г
131	А	Б	В	Г
132	А	Б	В	Г
133	А	Б	В	Г
134	А	Б	В	Г
135	А	Б	В	Г
136	А	Б	В	Г
137	А	Б	В	Г
138	А	Б	В	Г
139	А	Б	В	Г
140	А	Б	В	Г
141	А	Б	В	Г
142	А	Б	В	Г
143	А	Б	В	Г
144	А	Б	В	Г
145	А	Б	В	Г
146	А	Б	В	Г
147	А	Б	В	Г
148	А	Б	В	Г
149	А	Б	В	Г
150	А	Б	В	Г
151	А	Б	В	Г
152	А	Б	В	Г
153	А	Б	В	Г
154	А	Б	В	Г
155	А	Б	В	Г
156	А	Б	В	Г
157	А	Б	В	Г
158	А	Б	В	Г
159	А	Б	В	Г
160	А	Б	В	Г
161	А	Б	В	Г
162	А	Б	В	Г
163	А	Б	В	Г
164	А	Б	В	Г
165	А	Б	В	Г

ЧТЕНИЕ

МАКСИМАЛЬНОЕ КОЛИЧЕСТВО БАЛЛОВ ЗА ТЕСТ – 140

Имя, фамилия _____ **Страна** _____ **Дата** _____

1	А	Б	В
2	А	Б	В
3	А	Б	В
4	А	Б	В
5	А	Б	В
6	А	Б	В
7	А	Б	В
8	А	Б	В
9	А	Б	В
10	А	Б	В
11	А	Б	В
12	А	Б	В
13	А	Б	В
14	А	Б	В
15	А	Б	В
16	А	Б	В
17	А	Б	В
18	А	Б	В
19	А	Б	В
20	А	Б	В

АУДИРОВАНИЕ

МАКСИМАЛЬНОЕ КОЛИЧЕСТВО БАЛЛОВ ЗА ТЕСТ – 120

Имя, фамилия_____ **Страна**_____ **Дата**_____

1	А	Б	В
2	А	Б	В
3	А	Б	В
4	А	Б	В
5	А	Б	В
6	А	Б	В
7	А	Б	В
8	А	Б	В
9	А	Б	В
10	А	Б	В
11	А	Б	В
12	А	Б	В
13	А	Б	В
14	А	Б	В
15	А	Б	В

16	А	Б	В
17	А	Б	В
18	А	Б	В
19	А	Б	В
20	А	Б	В
21	А	Б	В
22	А	Б	В
23	А	Б	В
24	А	Б	В
25	А	Б	В
26	А	Б	В
27	А	Б	В
28	А	Б	В
29	А	Б	В
30	А	Б	В

ДЛЯ ЗАМЕТОК

ДЛЯ ЗАМЕТОК

러시아어 단계별 종합 교재 시리즈

러시아로 가는 길 시리즈 (청취 CD별매)
단계별 시리즈: 1단계, 2단계, 3단계, 4단계

- 1단계-처음 시작하시는 분 또는 기초 문법과 표현 정리가 안되시는 분
  TORFL 기초단계에 부합하는 영역들로 구성
- 2단계-초중급 문법과 어휘력 향상이 필요하신 분
  TORFL 기본단계에 부합하는 영역들로 구성
- 3단계-1년 이상 배우신 분, 기본적인 원서 독해가 가능하신 분
  TORFL 1단계에 부합하는 영역들로 구성
- 4단계-중고급 문법과 어휘력 향상이 필요하신 분
  TORFL 2단계에 부합하는 영역들로 구성

문법과 회화를 동시에 습득할 수 있는 단계별 종합 교재로 '러시아어 능력 인증시험 토르플(TORFL)'의 시험 단계인 문법, 회화, 읽기, 쓰기의 다양한 영역을 준비할 수 있습니다.

러시아어 인텐시브 회화 시리즈
단계별 시리즈: 1단계, 2단계, 3단계, 4단계

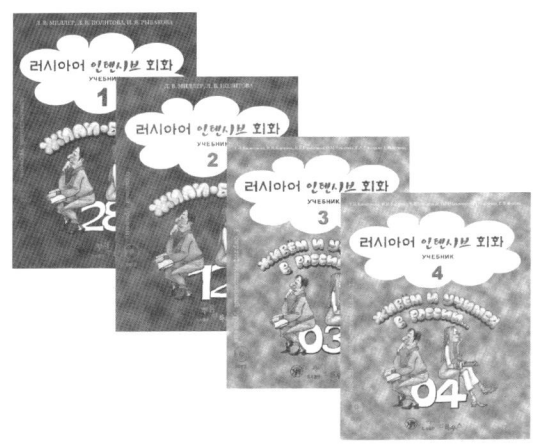

인텐시브 회화 1단계, 2단계는 오디오 자료를 뿌쉬낀 하우스 홈페이지, 출판센터 자료실에서 다운로드할 수 있습니다.
3단계, 4단계 도서에는 CD가 포함되어 있습니다.

단계별로 구성되어 있는 회화 교재를 통해 다양한 표현들을 익혀 창조적인 의사소통이 가능하도록 도와줍니다. 다양한 주제와 문화에 관한 텍스트를 통해 러시아 문화에 대한 이해의 폭을 넓히고, 동시에 실생활에서 사용되는 러시아어의 여러 문제를 익힐 수 있습니다.

러시아 교육문화센터
뿌쉬낀하우스
교육센터 / 문화센터 / 출판센터
Tel. 02)2237-9387 Fax. 02)2238-9388
http://www.pushkinhouse.co.kr